CB005291

Deus

Frédéric Lenoir

Deus

Sua história na epopeia humana

Tradução
Véra Lucia dos Reis

Copyright © Éditions Robert Laffon, S.A., Paris, 2011

Todos os direitos desta edição reservados à
EDITORA OBJETIVA LTDA.
Rua Cosme Velho, 103
Rio de Janeiro – RJ – Cep: 22241-090
Tel.: (21) 2199-7824 – Fax: (21) 2199-7825
www.objetiva.com.br

Título original
Dieu

Capa
Rodrigo Rodrigues

Imagem de capa
© Llinos Lanini /Trevillion Images

Preparação
Natalia Klussmann

Revisão
Ana Kronemberger
Lilia Zanetti
Fatima Fadel

Editoração eletrônica
Abreu's System Ltda.

CIP-BRASIL. CATALOGAÇÃO NA PUBLICAÇÃO
SINDICATO NACIONAL DOS EDITORES DE LIVROS, RJ

L586d

Lenoir, Frédéric
Deus / Frédéric Lenoir; tradução Véra Lucia dos Reis. – 1. ed. – Rio de Janeiro: Objetiva, 2013.
226 p. ; 21 cm.

Tradução de: *Dieu*
ISBN 978-85-390-0504-8

1. Deus. 2. Religião. 3. Sabedoria. I. Título.

13-01554

CDD: 231
CDU: 2-14

Sumário

Prólogo 7

1. Pré-história e xamanismo 9
2. Nascimento das deusas e dos deuses 17
3. Os judeus inventaram o monoteísmo? 26
4. Jesus: Deus é amor 49
5. A experiência pessoal do divino 67
6. O absoluto impessoal das sabedorias orientais 86
7. O Deus de Maomé 109
8. Fé e razão: Os filósofos, a ciência e Deus 128
9. O ateísmo 147
10. Violência, misoginia, sexualidade reprimida: Deus é fanático? 169
11. Quando Deus fala ao coração 188
12. Há futuro para Deus? 199

Epílogo 213

Prólogo

Em breve fará trinta anos que investigo a questão de Deus. Faço-o como filósofo, sociólogo e historiador das religiões, quer dizer, com distanciamento e imparcialidade. Ao tentar não estabelecer, *a priori*, julgamentos positivos ou negativos sobre a fé, estudo o fato religioso em suas diversas dimensões, notadamente as representações que os homens elaboram de uma força superior frequentemente chamada "Deus". Busquei sintetizar tais pesquisas tão diversas nesta obra acessível aos não especialistas. Inicialmente publicado na França no formato de um livro de entrevista com a jornalista Marie Drucker, eu o reelaborei tendo em vista uma edição internacional na qual as perguntas foram eliminadas. O livro, porém, conservou em sua maior parte o tom vivo de uma conversa. Embora o objetivo não seja defender ou criticar a existência de Deus, há no final da obra, num longo epílogo, meu sentimento pessoal sobre essa questão, a qual eu também, como todos nós, interrogo intimamente.

1

Pré-história e xamanismo

Deus surgiu tardiamente na história da humanidade. O ser humano existe há vários milhões de anos, mas a arqueologia mostra que as primeiras representações de divindades surgem há apenas 10 mil anos. Aliás, foram as deusas que precederam os deuses! Quanto à noção de um Deus único, muito difundida atualmente por intermédio dos monoteísmos judeu, cristão e muçulmano, ela nasce no Egito, no século XIV antes de nossa era, sob o reinado do faraó Amenhotep IV, que passa a se chamar Akhenaton, para se referir ao culto solar do deus único, Aton. No entanto, o politeísmo — a crença em vários deuses — triunfa logo após sua morte, e foi preciso esperar até meados do primeiro milênio antes de nossa era para que o monoteísmo fosse confirmado em Israel, como culto a Javé, e na Pérsia, como culto a Ahura Mazda.

Os primeiros traços de religiosidade

Não existem traços arqueológicos precisos da religião ao longo da pré-história, pelo menos não no período que precede a revolução neolítica, há aproximadamente 12 mil anos, quando nossos ancestrais começaram a se sedentarizar e a construir aldeias e, posteriormente, cidades. Alguns indícios, porém, nos permitem imaginar a religiosidade do homem pré-histórico. O primeiro são os rituais da morte, o que nenhum outro animal realiza. Os túmulos mais antigos foram encontrados em Qafzeh, onde hoje fica Israel. Há aproximadamente 100 mil anos, o *Homo sapiens* antigo depositou ali, cuidadosamente, cadáveres em posição fetal, cobrindo-os com a cor vermelha. Num sítio vizinho, homens e mulheres foram enterrados segurando galhadas de cervídeos ou mandíbulas de javali, e tendo o ocre sobre ou em torno de suas ossadas. Essas sepulturas comprovam a existência do pensamento simbólico que caracteriza o ser humano. Aquelas cores e os objetos são símbolos de uma crença. Mas qual? Provavelmente, nossos ancestrais acreditavam numa possível sobrevida do ser após a morte, como atesta a disposição do corpo em posição fetal ou a presença de armas que sirvam para caçar no além. Mas não podemos afirmar com certeza. Creio que esses incipientes rituais da morte são a primeira manifestação de religiosidade, de uma provável crença num mundo invisível.

As Vênus pré-históricas

Tal como a famosa Vênus de Lespugue, foram encontradas na Europa numerosas representações de mulheres com exagerados atributos da feminilidade e, principalmente, da maternidade. As mais antigas aparecem há cerca de 20 mil anos. Alguns veem nelas as primeiras deusas da humanidade ou mesmo o culto universal de uma grande Deusa-mãe. Tal teoria me parece pouco provável uma vez que nenhum outro símbolo está associado a elas. Certamente podemos encontrar nessas Vênus arquétipos da feminilidade e, sem dúvida, da veneração da mulher como portadora e doadora de vida. Nada nos leva a crer que sejam representações de seres sobrenaturais. Alguns especialistas da arte pré-histórica, como o professor LeRoy McDermott, pensam até que essas Vênus sejam autorretratos de mulheres grávidas, o que explicaria ao mesmo tempo as deformações características e a ausência de traços faciais.

Pinturas rupestres e xamanismo

As pinturas rupestres são prova de crenças religiosas? É um debate frequente entre os especialistas da pré-história. Vocês sabem que a maioria dessas pinturas representa animais. Para alguns, são gestos puramente artísticos: seria o nascimento da arte pela arte. Mas essa tese se choca com várias objeções. A principal é exatamente o lugar onde a maior parte dessas pinturas foi realizada: grutas escuras e de difícil acesso. Não podemos imaginar por que os artistas da pré-história se esconderiam em tais lugares para realizar suas obras. A maioria dos especialistas prefere, portanto, uma outra hipótese, a da arte mágica: ao pintar cenas de caçada, o homem captura a imagem dos animais antes de capturá-los de fato. Aprofundando mais, alguns especialistas, como Jean Clottes e David Lewis-Williams, desenvolveram a hipótese xamânica. Segundo eles, as pinturas não representam os animais em si, mas o espírito dos animais que os xamãs da pré-história invocavam e com os quais eles se comunicavam através dos transes. Isso explicaria perfeitamente a escolha de grutas de difícil acesso, lugares favoráveis ao isolamento e ao transe xamânico. Essa hipótese é confirmada por dois elementos importantes. Inicialmente, o isolamento da maioria dos sítios de arte rupestre, afastados das grutas habitadas e, portanto, especificamente consagrados a essa atividade ritualística. Além disso, segundo as observações dos etnólogos a respeito das populações mais recentes de caçadores-coletores, os xamãs fazem as pinturas em ossos, chifres ou rochas a fim de se comunicarem com os espíritos invisíveis, especialmente os espíritos daqueles animais que serão caçados.

Pode parecer estranho que comentários feitos hoje sobre algumas tribos nos ajudem a conhecer o homem pré-histórico. É surpreendente, mas de modo algum absurdo, quando se sabe que algumas tribos ainda vivem como nossos distantes ancestrais. Esses povos tendem a desaparecer, porém numerosos etnólogos os observaram no século XX, notadamente na América do Sul, na Austrália, na Sibéria ou em algumas regiões da Ásia. Esses pequenos grupos nômades ou semissedentários não praticam nem a agricultura, nem a criação, e vivem da caça e da colheita. Eles mostram como provavelmente era a religião da pré-história, porque vivem conforme o modo de vida do homem pré-histórico: na natureza, tendo com principal busca a subsistência. Ora — e isso é extremamente apaixonante —, constatamos por meio da história de longa duração que as crenças e as práticas religiosas evoluem de acordo com as mudanças dos modos de vida do ser humano. Do mesmo modo que esses povos que ainda vivem inseridos no mundo natural, os homens pré-históricos se sentiam totalmente inseridos na natureza e a sua religiosidade nos mostra o que pode ter sido a religião da pré-história: uma religião da natureza, através da qual se considera que o mundo é composto pelo visível e pelo invisível.

Um mundo povoado de espíritos

Cada coisa visível possui um duplo invisível com o qual alguns indivíduos podem se comunicar. A partir da observação dos tungues, povo nômade do extremo Nordeste da Sibéria, foi dado, desde o final do século XVII, o nome de "xamã" (em língua tungue, *saman* significa "dançar, saltar") às pessoas que a tribo escolheu para interceder em seu favor junto aos espíritos. E se nomeou "xamânica" essa religião da natureza que, provavelmente, era a do homem pré-histórico do Paleolítico. Essa religião natural se fundamenta na crença num mundo invisível que cerca o mundo visível e na possibilidade de comunicação com tais forças invisíveis. Ela também postula a crença na sobrevida de uma parte invisível do ser humano que se reencarna após a morte: a alma. E se caracteriza pela prática de trocas com os espíritos, a fim de ajudar o grupo humano a sobreviver, curar doenças e promover a caça. Antes de cada caçada, o xamã realiza um ritual que, geralmente, assume a forma de uma dança durante a qual ele entra num estado modificado de consciência, o transe, para convocar os espíritos dos animais — donde a etimologia do nome "xamã", que acabamos de citar. Ele oferece uma troca: "Vamos ter de matá-los para comer, mas, quando morrermos, será nossa vez de dar nosso fluido vital para a natureza." Os xamãs são também terapeutas convictos de que a doença é sintoma de uma alma deslocada ou invadida por outra entidade.

O sagrado

O xamanismo constituiria uma das primeiras manifestações de espiritualidade? Eu definiria, de preferência, a espiritualidade a partir da dimensão de busca individual. Não podemos dizer que, naquela época, os indivíduos tivessem uma busca espiritual pessoal, em todo caso, não em termos de elaboração intelectual. A espiritualidade como tentativa de resposta ao enigma da existência — que sentido tem a minha vida? — sem dúvida não existe naquele momento. Ainda vivemos uma religiosidade coletiva. Todos partilham as mesmas crenças, os mesmos medos, e utilizam os mesmos meios para exorcizá-los. O conceito de "sagrado" me parece mais apropriado. Mais exatamente, eu diria que eles experimentam o sagrado. O sagrado é algo mais universal e arcaico que a busca espiritual. O teólogo e filósofo alemão Rudolf Otto (1869-1937) define o sagrado como uma espécie de pavor e de deslumbramento diante do mundo. Os homens sentem um grande medo, porque o mundo que os cerca é imenso e os ultrapassa por completo, e, ao mesmo tempo, vivem em estado de admiração diante da beleza desse mundo. É uma experiência que podemos ter perfeitamente hoje. Ficamos aterrorizados com os transbordamentos da natureza: ciclones, tremores de terra, tsunamis. Mas nos emocionamos frente ao oceano, no deserto, diante de belas paisagens... Reconhecer a imensidão do cosmos e emocionar-se com ele é uma experiência do sagrado.

A religião: racionalização e codificação do sagrado selvagem

Assim definido, o sagrado é o sentimento, a experiência espontânea, ao mesmo tempo individual e coletiva, de nossa presença no mundo. A religião é uma elaboração social que aparece num segundo momento. Poderíamos dizer que ela ritualiza e codifica o sagrado. As religiões existem para domesticar o sagrado, torná-lo inteligível, organizá-lo. É desse jeito que elas criam laço social, que elas unem os homens entre si. Aliás, a palavra *religio*, que dá origem a "religião", tem duas etimologias. Segundo Cícero, ela vem da palavra *relegere*, que quer dizer "reler", expressão que remete à dimensão racional e organizadora da religião, ou então à dimensão de transmissão de um conhecimento tradicional. Para Lactance, porém, a palavra *religio* vem de *religare,* "ligar". Verticalmente, os indivíduos são ligados a uma transcendência, a algo que os ultrapassa, a uma fonte invisível do "sagrado". Horizontalmente, essa experiência e essa crença comuns ligam os indivíduos entre si, criando um laço social na comunidade. O fundamento mais poderoso de uma sociedade é, efetivamente, a religião. O escritor e especialista em mídia Régis Debray analisou muito bem a função pública da religião e mostrou que toda sociedade tem necessidade de reunir os indivíduos em torno de um invisível que os transcende. Isso é cada vez menos verdadeiro na Europa, mas trata-se de uma exceção. A crença em Deus é partilhada por 93% dos americanos, quaisquer que sejam as confissões religiosas, e a coesão social é muito forte nos Estados Unidos. Deus é onipresente, inclusive nos rituais da vida civil. A religião também está presente e é fonte de coesão social nos outros continentes, nos países cristãos, muçulmanos, budistas e ainda na Índia, e até mesmo, curiosamente, na China, em torno de tradições confucianas e do culto dos ancestrais, que nunca desapareceram, apesar do comunismo. Apenas na Europa a religião quase não fundamenta mais o laço coletivo. Por isso, a insistente pergunta das sociedades europeias: como criar um laço social? É a primeira vez na história que uma civilização tenta criar um laço social fora da religião. À crise das crenças religiosas nos séculos XVIII e XIX sucederam o que se chama de religiões civis, quer dizer, crenças coletivas, partilhadas por todos, em torno de algo que nos transcende e nos ultrapassa: o nacionalismo, por exemplo. Durante os séculos XIX e XX, na Europa, as pessoas davam a vida pela pátria. Era o lugar do sagrado! Hoje, não há mais sagrado.

Voltemos, porém, ao nascimento da religião. Excetuando-se algumas tribos de caçadores-coletores, não restam muito mais traços da religião natural dos homens pré-históricos. De fato, a religião natural se misturou frequentemente com as religiões posteriores. Amalgamada, ela permanece extremamente forte na África, na Ásia, na Oceania e na América do Sul, inclusive entre os cristãos, muçulmanos e budistas. Ela impregnou de maneira profunda o budismo tibetano, por exemplo: o oráculo que o dalai-lama consulta com regularidade entra em transe exatamente segundo os rituais xamanísticos tradicionais. Somente na Europa e nos Estados Unidos a religião natural foi quase que totalmente erradicada pela cristianização. Mas, no Ocidente, vemos, há uns vinte anos, uma forte renovação do interesse pelo xamanismo. Seria melhor, contudo, falar em neoxamanismo, pois aqueles que vão viver experiências na Mongólia ou no Peru com xamãs tradicionais não estão mais inseridos na natureza. Uma natureza que eles idealizam e encantam imaginariamente, como reação a um modo de vida urbano e a uma religião cristã excessivamente cerebral que afastaram o homem de sua relação com o mundo natural.

2

Nascimento das deusas e dos deuses

A religiosidade natural dos homens da pré-história ainda não tinha inventado os deuses. Que contexto histórico e social foi propício à sua criação? A mudança se situa quando da passagem do paleolítico ao neolítico, há aproximadamente 15 mil anos, no Oriente Médio. O modo de vida dos homens muda, eles se tornam sedentários para garantir um melhor controle sobre suas necessidades alimentares. A agricultura e a criação substituem a caça e a colheita. Esse controle cada vez mais importante dos meios de subsistência leva os homens a se agruparem em aldeias, que vão se tornar cidades. É com o nascimento das cidades que a religião vai mudar profundamente.

A grande virada do neolítico

As condições climáticas são ideais. A Terra começa a sair de um período glacial iniciado 100 mil anos antes e os efeitos do aquecimento se fazem sentir, inicialmente, na zona geográfica situada entre os atuais Egito e Iraque. É um lugar fértil. O homem sai das grutas e começa a construir casas de terra, madeira, pedra ao ar livre. Para se proteger, ele se reúne e cria aldeias cada vez maiores, rodeadas por tapumes. De maneira progressiva, ele se torna criador e agricultor. Leva pequenos rebanhos para pastar nos arredores da aldeia, cultiva cereais, aprende a moê-los e a estocá-los. O ser humano se torna, então, cada vez menos dependente da natureza. Ele controla os meios de sua subsistência. Observamos, assim, uma revolução considerável na história da humanidade: pela primeira vez o homem não está totalmente inserido na ordem natural. A partir daí sua relação simbólica com o mundo também se modifica: ele não negocia mais com os espíritos da natureza e dos animais. Nas pequenas cidades que emergem por todo o Oriente Médio, a figura do xamã tende a desaparecer a partir do nono milênio antes de nossa era. Todavia, ele ainda precisa acreditar em forças superiores que vão protegê-lo dos caprichos da natureza ou dos outros grupos humanos ameaçadores. É nesse momento que ele vai converter os espíritos do trovão, da água, da chuva, em entidades divinas que se parecem com ele. É um processo de antropomorfização. Durante vários milhares de anos, o homem vai criar entidades superiores a sua imagem, divindades sexuadas, masculinas e femininas: deuses e deusas que ele situa no céu. O laço não mais será construído no espaço horizontal da natureza, mas entre a terra, a cidade, morada dos homens, e o céu, a partir de agora morada dos deuses. Aliás, a palavra "divindade" vem da língua indo-europeia e significa, etimologicamente, "luz", "o que brilha", como uma estrela no céu.

O culto da Grande Deusa

Por volta de 7 mil anos antes de nossa era, aparecem na Anatólia altares domésticos e baixos-relevos de caráter explicitamente religioso, mostrando mulheres dando à luz touros. Essa figura da mulher e do touro vai se difundir em toda a bacia mediterrânea, e também na Índia. Ela será objeto de um culto que os historiadores denominarão de culto da Grande Deusa ou da Deusa-Mãe, aquela que dá vida e que zela pela fecundidade da natureza, representada pelo touro. Alguns também veem na figura do touro a força masculina. É bem possível, mas o interessante é que o touro está sempre submetido à mulher já que é sempre representado em posições de inferioridade, isto é, representado de modo parcial (crânio, chifres), servindo de apoio à mulher ou a seus pés.

O caçador nômade do paleolítico venerava os espíritos dos animais que eram necessários à sua sobrevivência. O agricultor criador sedentário do neolítico venera o símbolo da fecundidade e da fertilidade: a mulher. Mas isso não vai durar muito, porque os deuses masculinos em breve vão suplantar o culto da Deusa-Mãe.

Das deusas aos deuses masculinos

Com o sedentarismo, um novo clero vai nascer: ao xamã sucederá o sacerdote. Contrariamente ao seu predecessor, o sacerdote não sente mais o sagrado, não o experimenta em seu próprio corpo: ele o realiza por meio do ritual sacrificial que supostamente mantém a ordem do mundo e conquista o favor dos deuses e das deusas. Enquanto os xamãs podiam ser tanto homens como mulheres, a casta sacerdotal logo se torna quase que exclusivamente masculina. No seio das cidades nascentes, o homem gosta de organizar, gerenciar, dirigir. E assim como ele atribui a si mesmo funções administrativas do reino, ele também se atribui funções sacerdotais. A evolução da religião acompanha, portanto, a das sociedades que, entre o terceiro e o segundo milênio antes de nossa era, se tornam por toda parte patriarcais, quando as vilas crescem e se tornam grandes cidades, reinos e, em seguida, impérios. E a partir do momento em que as cidades se tornam patriarcais, quando o homem domina, quando os sacerdotes são majoritariamente homens, também o céu vai se masculinizar. No início, as deusas eram dominantes, mas elas vão se tornar secundárias, como na Mesopotâmia. Estou convencido de que muito dos distúrbios de nossas sociedades estão ligados ao desequilíbrio entre feminino e masculino na humanidade. Por muito tempo o masculino esmagou o feminino, e as religiões oriundas do modelo patriarcal tiveram um papel essencial na transmissão desse desequilíbrio. Não apenas as religiões se tornaram muito masculinas há 4 ou 5 mil anos, mas também elas se tornaram misóginas.

Penso que um dos motivos do sucesso do filme *Avatar* foi ter mostrado um mundo, Pandora, no qual o feminino ocupa um lugar importante. Aliás, seu diretor, James Cameron, se respaldou muito bem em documentos sobre as sociedades xamanistas que vivem em simbiose com a natureza. Seu filme mostra que o que leva os humanos à perda e à destruição dos outros é a cobiça, o desejo de possuir, de dominar — comportamentos tipicamente masculinos. Enquanto Pandora oferece um outro modelo de sociedade fundamentado na harmonia, na troca, no respeito à vida, valores tipicamente femininos. Penso que o sucesso do filme venha do fato de que ele nos deixa entrever o que a humanidade poderia ter sido sem a sede de dominação. É uma metáfora da ocidentalização do mundo pela força proveniente da tecnologia, e um conto filosófico sobre a beleza de um mundo que ainda não foi destruído pela cobiça do ser humano.

Nascimento dos rituais sacrificiais

Do feminino ao masculino, do xamã ao sacerdote, do transe ao sacrifício: a história das religiões mostra que as crenças e os medos se transformaram ao mesmo tempo que os modos de vida dos homens. Os perigos ligados à natureza não são mais os mesmos: as tribos não têm mais medo de não encontrar caça ou de serem devoradas por um urso; elas têm medo de que não chova o suficiente para a agricultura ou que as plantações sejam devastadas por uma tempestade violenta demais; medo das tribos inimigas capazes de atacá-las. Esses povos sentem, portanto, necessidade da presença de forças superiores que protejam a aldeia ou a cidade. Ao ritual do transe xamanista sucede um novo ritual, o do sacrifício. À figura do xamã, possuída pelos espíritos da natureza por ocasião de seus transes, sucede a do sacerdote, que realiza o sacrifício e se torna uma espécie de administrador do sagrado. Enquanto o xamã *experimentava* o sagrado, o sacerdote o *faz*. A etimologia da palavra sacrifício significa exatamente "fazer o sagrado". O sacerdote não é mais possuído por uma força superior: ele estabelece um gesto racional — o ritual do sacrifício — que supostamente garante a ordem do mundo e protege o grupo.

No início, o homem, através dos sacerdotes, oferece aos deuses ou às deusas cereais ou pequenos animais, quer dizer, aquilo que lhes é necessário à subsistência. Para compreender a lógica do sacrifício, é necessária a leitura de uma obra capital do pai da etnologia francesa, Marcel Mauss (1872-1950). Em seu *Ensaio sobre a dádiva*, Mauss demonstra que a troca está na base das sociedades humanas. Ela produz a abundância das riquezas porque convida o receptor a ser, por sua vez, generoso para com o doador. Ora, Mauss mostra que o que se observa nas tribos também acontece no nível simbólico com as forças superiores: quanto mais se dá aos espíritos e, posteriormente, aos deuses, mais, supostamente, eles retribuem sob a forma de benefícios. Portanto, é com as forças invisíveis que governam o mundo e que trazem a subsistência para o grupo que, aparentemente, importa trocar. A mais arcaica lógica religiosa da humanidade está contida nessa lógica da doação mútua: ofereço às forças superiores algo que me é precioso e, em troca, elas me oferecem subsistência e proteção. É o que exprime o ritual sacrificial ao qual se entregam os sacerdotes a partir do neolítico: eles oferecem presentes aos deuses em troca de sua ajuda. Depois, ao longo dos milênios, observamos uma escalada sacrificial delirante. Uma pequena tábua encontrada na cidade de Uruk, na Mesopotâmia, datando do terceiro milênio antes de nossa era, contabiliza um ano de sacrifícios ao grande templo do deus Anu: 18 mil carneiros, 2.580 cordeiros, 720 bois e 320 novilhos. Tudo isso para uma cidade cuja população não deveria exceder 40 mil habitantes! Nesse avanço delirante, chega-se, de fato, ao sacrifício de seres humanos aos deuses. Originariamente, eram cativos de outras tribos; mais tarde, homens chegaram a sacrificar seus próprios filhos para continuar aprofundando ainda mais a lógica do dom mais valioso. Os sacrifícios humanos eram muito difundidos nas diversas áreas geográficas durante o primeiro milênio antes de nossa era, e encontramos traços deles na Bíblia, na história de Abraão, que foi escrita nesse período. Abraão recebe de Deus a ordem de sacrificar a Ele o filho, Isaac. No último momento, porém, um anjo ordena que suspenda o sacrifício e lhe fornece um bode em substituição a Isaac. Nesse episódio de rica simbologia, podemos ler a crítica dos sacrifícios humanos tais como ainda eram praticados na época. A Bíblia manda que se renuncie a eles, sem, contudo, banir os sangrentos sacrifícios de animais, já que estes perdurarão até a destruição do Templo de

Jerusalém, em 70 de nossa era, e serão posteriormente retomados na tradição muçulmana.

Desejo mimético e bode expiatório

É importante comentar o célebre conceito de "bode expiatório". A expressão se origina de uma antiga tradição do povo judeu: uma vez por ano, o grande sacerdote impunha as mãos sobre a cabeça de um bode para lhe transmitir todos os pecados cometidos pelo povo e, em seguida, o enviava para o deserto para ali perder os pecados (Levítico 16, 21-22). A expressão "bode expiatório" é a tradução latina da versão grega desse texto da Bíblia, que poderíamos traduzir diretamente do hebraico como "bode de partida". Os antropólogos e sociólogos, tais como James George Frazer (1854-1941), mostraram que o fenômeno do chamado "bode expiatório" é um comportamento observado em numerosas sociedades, nas quais o grupo escolhe uma pessoa ou uma comunidade minoritária sobre a qual lança o mal ou a culpa oriunda de um mal coletivo. Assim é que os judeus ou as "feiticeiras" frequentemente serviram de bode expiatório no seio das sociedades cristãs: eles eram perseguidos quando acontecia uma calamidade natural ou um crime atroz tinha sido cometido. Eles eram considerados os autores da falta, ou, por sua simples presença, os responsáveis pelas desgraças da população. Um dos pensadores que mais popularizaram essa expressão foi René Girard. Em seus trabalhos sobre a violência inerente às sociedades humanas, ele mostrou que esta provém do desejo mimético: as pessoas querem possuir o que o outro possui. O fenômeno do bode expiatório é, de certa forma, a resposta inconsciente do grupo para exorcizar sua própria violência, ligada ao desejo mimético: designa-se e sacrifica-se coletivamente um culpado a fim de excluir do grupo a violência interna recorrente. Desse modo, desvia-se positivamente a violência inerente a qualquer grupo, projetando-a numa vítima que será sacrificada numa espécie de ritual coletivo de purgação. Nos dias de hoje, em muitos países europeus, embora "o judeu" ainda represente para alguns a figura do bode expiatório, são preferencialmente os estrangeiros, os roma, os árabes, os muçulmanos que costumam ser designados pela extrema direita e por uma parte da direita como bodes expiatórios de nossos próprios males. Mesmo que as consequências sejam menos dramáticas que no passado, o mecanismo do bode expiatório está sempre em ação em nossas democracias leigas.

A teoria de René Girard foi, no entanto, alvo de intensas polêmicas nos meios acadêmicos. Mais do que sua teoria da violência ligada ao desejo mimético e ao fenômeno da vítima expiatória — que se aproxima das observações de numerosos etnólogos e sociólogos —, foi a sistematização da teoria por seu próprio autor que gerou controvérsias. Sistematização esta aplicada a todos os grupos humanos. Ora, existem sociedades nas quais a teoria não se comprova. Em seguida, sistematização como explicação global do fenômeno religioso. Em sua obra principal, *A violência e o sagrado,* René Girard afirma que a função fundamental da religião é manter a violência fora da comunidade por meio da perpetuação do mecanismo da vítima expiatória. Ora, não apenas isso não é aplicável a todas as religiões (basta pensar nas sociedades budistas e confucianas, por exemplo, que René Girard não estudou), como também estou convencido de que o fenômeno religioso não pode ser reduzido à função única de gestão da violência. Anteriormente, falei da morte e da experiência do sagrado. Parecem-me explicações absolutamente decisivas do nascimento e da perpetuação do fenômeno religioso.

O culto dos antepassados

Outra consequência do sedentarismo é o culto dos antepassados. Os seres humanos começaram a venerar as almas dos que os precederam. Foram encontrados na Anatólia e perto de Jericó numerosos crânios pintados e enfeitados com conchas, datando de aproximadamente 7 mil anos antes de nossa era, que constituíam objeto de culto doméstico. Esses crânios exprimem de modo comovente a presença do ausente. Eles deviam ser considerados aquilo que suportava o espírito do defunto venerado e ao qual certamente se pedia também assistência. Isso corresponde a uma reviravolta muito importante das mentalidades, ligada à mudança de modo de vida. Enquanto para as pequenas tribos nômades de caçadores os velhos eram um peso, com o sedentarismo, o ancião não é mais uma carga para o grupo, ele se torna o sábio, "aquele que sabe" e, com sua morte, ele recebe um estatuto quase divino, o de ancestral. Percebemos, todavia, que quando as cidades crescem e se tornam reinos, como na Mesopotâmia e no Egito, o culto dos ancestrais tende a desaparecer em proveito exclusivo do culto dos deuses. Em contrapartida, ainda existem numerosas regiões da Ásia, da Oceania ou da África nas quais o sistema de pequenas tribos sedentárias perdurou. A única grande civilização da qual ele jamais desapareceu e na qual continua vivo é a China.

3

Os judeus inventaram o monoteísmo?

Passamos, então, dos espíritos da Natureza à Grande Deusa e aos deuses masculinos. Mas como passamos dos incontáveis deuses ao Deus único? Entre o politeísmo e o monoteísmo há, de fato, uma etapa intermediária: o henoteísmo. É a hierarquização dos deuses, tornada necessária pelas grandes conquistas. Desde que as cidades sejam autônomas, cada uma tem seu panteão, cada um dos deuses correspondendo a funções precisas: deusa da fecundidade, deus da guerra, deus da água, deus do trovão etc. Posteriormente, graças às conquistas, as cidades vão crescer e se tornar reinos e impérios. Isso começa por volta de 3 mil antes de nossa era na Mesopotâmia, na China, no Egito, e prossegue ao longo do primeiro milênio antes de nossa era com os persas, os partas, os gregos, os romanos. Todas as vezes que um reino realiza uma nova conquista, ele integra os deuses do reino conquistado aos seus próprios deuses e impõe os seus ao reino conquistado. Progressivamente, o panteão se torna grande demais e os impérios se deparam com a proliferação de deuses. Acontece, então, o problema de sua hierarquia: existe um deus superior aos outros?

Realeza celeste e realeza terrestre

Essa questão é ainda mais aguda que a necessidade que os reinos terrestres têm, a fim de manterem a unidade, de um chefe único: o rei ou o imperador. Imagina-se, então, que deve haver também no Céu um deus que governa todos os outros. E a estreita relação estabelecida, ou até mesmo a filiação do soberano com essa divindade suprema, lhe dá ainda mais força e legitimidade. É o caso do faraó do Egito ou do imperador da China, que é filho do Céu. Mais tarde, os romanos recuperarão o caráter divino do imperador. Há, portanto, cumplicidade entre o chefe do poder terrestre e o chefe do poder celeste. A religião vive graças ao político, e o político tira sua legitimidade da religião: "Do Céu, a realeza desceu sobre mim", é o que o rei de Ur manda gravar numa tabuinha no início do segundo milênio antes de nossa era. É, portanto, necessário distinguir um deus supremo ao qual o soberano esteja estreitamente associado e a quem todo o povo deve cultuar. Serão assim os deuses Anu, na Mesopotâmia, Amon, no Egito, Zeus, na Grécia, Baal, na Fenícia etc. Existem também divindades locais, ligadas à história ou ao modo de viver de cada cidade. Assim, se estabelece progressivamente — de acordo com o desenvolvimento das cidades-estado que possuem uma escrita (surgida por volta de 3 mil antes de nossa era) e uma administração central — uma hierarquização dos deuses, tendo, no topo, uma divindade nacional. Ainda não se pode falar de monoteísmo, já que essa divindade suprema tolera a existência de outras que lhe são submetidas. Os nomes de "monolatria" e de "henoteísmo" foram inventados para qualificar esse momento capital da história das religiões no qual numerosas civilizações passaram do politeísmo desordenado ao politeísmo organizado e hierarquizado, prelúdio do monoteísmo.

Hipóteses sobre as primeiras formas de monoteísmo

Alguns autores afirmam que o culto da Deusa-Mãe, que dominou todo o mundo mediterrâneo, europeu e indiano durante vários milênios antes do desenvolvimento das grandes civilizações antigas, é a expressão de uma crença monoteísta. A ausência de marcas escritas, porém, dificulta o conhecimento desse culto, que talvez não tenha sido exclusivo, mas coexistiu com outros cultos, como o dos ancestrais e o dos espíritos naturais, antes de ser vencido pelo politeísmo mais codificado das cidades-estado.

Outros autores, mais antigos, defenderam a ideia de uma crença monoteísta universalmente difundida antes da invenção do politeísmo, no neolítico. Desde o final do século XIX, vários missionários cristãos observam que existe, dentro de numerosas religiões chamadas de "primitivas", na Ásia, na América ou na África, vestígio da crença em um deus único por detrás do abundante culto dos ancestrais e dos espíritos. É o Grande Espírito dos índios da América do Norte ou a divindade distante, raramente nomeada, das numerosas etnias africanas. De acordo com o linguista e missionário católico Wilhelm Schmidt, que desenvolveu a tese em *A origem da ideia de Deus* (1912), os homens da pré-história teriam adorado um Deus único até que este, tendo se tornado por demais distante e abstrato, se apagasse frente ao culto mais acessível dos espíritos e dos ancestrais, e depois dos deuses e das deusas, até ressurgir sob a forma de revelação no judaísmo antigo. Embora essa tese se aproxime de alguns mitos antigos — como o do afastamento do grande Deus mesopotâmico Anu, que, por ter se cercado de uma corte de numerosas divindades inferiores, acabou sendo esquecido pelos humanos —, ela repousa em indícios muito fracos e parece inspirada demais na própria crença religiosa de seus partidários para se impor. Sejamos, portanto, bem prudentes; no estado atual de nosso conhecimento, é melhor situarmos o monoteísmo no século XIV antes de nossa era, na breve experiência do faraó Amenhotep IV, que se tornou Akhenaton. Essa revolução brutal durou apenas o espaço do reino desse monarca. Logo que ele morreu, seu filho, Tutancâmon, pressionado pelo poderoso clero do deus Amon, voltará ao henoteísmo e a experiência monoteísta de seu pai não deixará vestígio algum no Egito.

Moisés e os hebreus: entre mito e história

O que influenciou Moisés? O historiador nada pode dizer de certo sobre Moisés, pois somente a Bíblia, um dos livros sagrados dos judeus, fala dele. Ora, a Bíblia é uma biblioteca heteróclita — uma mistura de mitos, narrativas históricas mais ou menos comprovadas, poemas, preces, textos de sabedoria, textos proféticos. A crítica histórica moderna permitiu afirmar que a Bíblia começou a ser escrita por volta do século VII antes da nossa era, a partir de tradições orais. Isso torna problemática a validade de personagens e acontecimentos históricos que teriam ocorrido, de acordo com as cronologias bíblicas, seis séculos (história de Moisés) ou até mesmo 12 séculos (Abraão) antes. O que não diminui a força espiritual e simbólica dessas narrativas. Mas, de um ponto de vista histórico e racional, é impossível tomá-las ao pé da letra. Talvez esses personagens tenham existido, mas quando? E o que se sabe de fato de suas vidas?

A arqueologia pode atestar com certeza a existência de um reino de Israel graças à existência de uma coluna do faraó Merenptah, em torno de 1200 a.C. na qual está gravado:

"Israel foi destruída e não existe mais semente." Além disso, uma coluna aramaica do século IX antes da nossa era menciona "a casa de Davi", comprovando assim a realeza davídica, o que corresponde às escavações arqueológicas realizadas em Jerusalém, datando a fundação da cidade de Davi por volta do século X. Na época, tratava-se mais de um pequeno povoado do que de uma cidade resplandecente, sem vestígio do famoso e gigantesco templo que Salomão, filho de Davi, mandou edificar para a glória de Javé. De acordo com os arqueólogos, provavelmente tal templo teria sido de pequena dimensão e reconstruído várias vezes ao longo dos séculos.

O certo, historicamente, é que existe no final do segundo milênio antes de nossa era um pequeno reino de Israel, cuja capital Davi fundou em Jerusalém, na virada do primeiro milênio, e que esse reino rapidamente se cindirá em dois: o reino de Israel ao norte, e o de Judá ao sul, em torno de Jerusalém. Em 721 a.C., o rei Sargão da Assíria conquista o Reino do Norte. Mais tarde, em 587, o rei da Babilônia, Nabucodonosor conquista o reino de Judá, arrasa o Templo de Jerusalém e deporta as elites religiosas e intelectuais judias para a sua capital. Eles permanecem no exílio durante cerca de cinquenta anos, até que o rei Ciro, o Grande, fundador do império persa, conquiste Babilônia e permita que os judeus voltem a Jerusalém, onde eles reconstroem o templo.

O exílio e a escrita da Bíblia

Esse exílio foi absolutamente determinante na história do povo judeu, pois o leva a examinar profundamente sua identidade e a ameaça que pesa sobre sua existência. Então os escribas prosseguem e completam a escrita da Bíblia, iniciada pouco antes do exílio, notadamente os cinco primeiros livros que compõem a Lei ou *Torá*: Gênesis, Êxodo, Levítico, Números e Deuteronômio. Esses livros contam o nascimento do mundo e a história antiga do povo judeu. Naquela época, fala-se de "hebreus", pois a palavra "judeu" é um derivado tardio da palavra que se refere aos habitantes da Judeia, descendentes dos hebreus. Eles contam a história dos patriarcas Adão, Noé, em seguida Abraão — ancestral dos hebreus — e seus descendentes: Isaac e Jacó. Este último tomará o sobrenome de Israel e seus 12 filhos se tornarão os fundadores das 12 tribos de Israel. Finalmente, há a história da deportação do povo hebreu para o Egito e sua libertação por Moisés, que lhe dará a Lei Divina (os célebres dez mandamentos). A Torá também descreve todos os rituais que devem ser praticados e todas as regras às quais os judeus devem obedecer. O pentateuco insiste no caráter estritamente monoteísta da fé judaica, mas carrega as marcas das crenças politeístas ou henoteístas de Abraão. Estas subsistem no seio do povo judeu não apenas no tempo de Moisés (como vemos no episódio do bezerro de ouro cultuado pelo povo, na ocasião em que Moisés ia para a montanha ao encontro de Javé), mas também até o exílio na Babilônia, já que os últimos livros históricos da Bíblia, o livro dos *Reis* e o das *Crônicas*, escritos depois do exílio, contam que o povo não deixa de voltar à idolatria, razão pela qual Deus os entregará nas mãos de seus inimigos. Como podemos constatar, a própria Bíblia — confirmando as poucas fontes históricas textuais e epigráficas externas — mostra que o monoteísmo é fruto de longo processo secular. Tendo ele sido pregado bem mais cedo ou não, é somente por volta do século V antes de nossa era que ele se impõe definitivamente no seio do judaísmo, no momento em que as tradições orais antigas acabam de ser registradas por escrito e quando o povo judeu, que quase despareceu, se interroga sobre sua identidade. Ele assume então uma legitimidade política e religiosa essencial: apesar de seu pequeno número e de todos os seus fracassos, ele é o povo eleito pelo Deus único.

Os judeus, contudo, sob o domínio persa, podiam praticar livremente sua religião. Por volta do ano 400 antes de nossa era, Esdras inicia uma nova reforma religiosa. Ele proíbe os casamentos com mulheres estrangeiras e codifica definitivamente as leis sobre o puro e o impuro (613 mandamentos) que ainda hoje estão em vigor no judaísmo ortodoxo. Foi então somente nessa época que a Torá terminou de ser escrita. Pouco tempo depois, enquanto a Bíblia continua a se enriquecer com novos livros, nasce o Talmude dito "da Babilônia", coletânea de reflexões e de interpretações da Torá. O poder da casta sacerdotal aumenta e o Templo de Jerusalém é restaurado por Herodes, o Grande, pouco antes do nascimento de Jesus. Ele foi destruído em 70 d.C. pelo exército romano de Tito, e o judaísmo se perpetua na diáspora. Os sacerdotes e os sacrifícios desaparecem com o templo. Eles são sucedidos pelos rabinos que leem, interpretam e verificam a observância da Torá nas sinagogas, pelo mundo afora. Nesse ínterim, o monoteísmo judeu dá à luz uma nova religião que oferece ao Deus único dos judeus um caráter mundial: o cristianismo. Mas isso é outra história...

Por que a Bíblia não pode ser lida de modo literal

Já que esses fatos estão solidamente estabelecidos pela comunidade científica, perguntamos por que continuamos a ler por toda parte que o monoteísmo judaico data do segundo milênio antes de nossa era, que Abraão teria vivido por volta de 1800 a.C., e que Moisés teria libertado os hebreus por volta de

1250 a.C.? Essas cronologias foram estabelecidas pelos fiéis, com base na Bíblia. Elas marcaram de tal modo a civilização judaico-cristã que é difícil nos afastarmos dela, mesmo quando não se é religioso. Tantos romances e filmes — como *Os Dez Mandamentos*, de Cecil B. DeMille — impregnam nosso patrimônio cultural, que essas ideias persistem, embora atacadas pela crítica histórica há quase dois séculos e confirmadas pelas pesquisas arqueológicas há vários decênios. Os historiadores não podem se limitar à narrativa bíblica sem outras fontes externas. Abraão e Moisés talvez tenham existido, do que muitos historiadores duvidam, mas a história deles não pode, em todo caso, ser interpretada literalmente. Pelo menos, por três motivos. Inicialmente, não se encontra documento algum entre os egípcios que ateste a presença dos hebreus e as dez pragas enviadas por Deus (as águas transformadas em sangue, a invasão das rãs, os mosquitos, as moscas, a morte dos rebanhos, a peste, a chuva de granizo, os gafanhotos, as trevas e a morte de todos os primogênitos). Em seguida, a fabulosa libertação conduzida por Moisés e a destruição do exército do faraó engolido pelas águas do mar. É algo espantoso num povo que observava as mudanças climáticas e sociais importantes, assim como o menor fato político e militar, seja ele favorável, ou desfavorável. Tanto mais que, segundo a Bíblia, 600 mil famílias hebraicas fugiram, o que não passaria despercebido de uma população egípcia estimada pelos arqueólogos em menos de 3 milhões de habitantes!

Em seguida, encontram-se no texto bíblico numerosos empréstimos de narrativas ou de lendas persas, assírias ou mesopotâmicas comprovadamente existentes antes do registro escrito das narrativas bíblicas. É que a narrativa do dilúvio e da arca de Noé foi quase que copiada/colada de um texto mesopotâmio e do *Poema do supersábio,* escrito por volta de 1700 antes de nossa era e retomado alguns séculos depois na famosa *Epopeia de Gilgamesh*, que os hebreus conheceram quando de sua deportação para a Babilônia. Do mesmo modo, a narrativa de Moisés salvo das águas é uma retomada da lenda de Sargão da Acádia (2296 a.C./2240 a.C.) abandonado nas águas do rio ao nascer. Observamos ainda numerosos empréstimos teológicos (os anjos, o Messias salvador, o juízo final) à tradição zoroastriana descoberta pelos deportados na corte do rei persa Ciro, o Grande. Finalmente, há cinquenta anos, numerosas escavações arqueológicas realizadas em Israel destruíram por completo a narrativa da conquista da terra prometida tal como é feita na Bíblia, notadamente no livro de Josué. O livro conta, por exemplo, como as célebres muralhas de Jericó desmoronaram pela força divina depois das sete passagens da Arca da Aliança, e depois que sete sacerdotes passaram soprando o chofar (trombetas) em volta da cidade, durante sete dias. Ora, as escavações arqueológicas realizadas por Kathleen Kenyon, no final dos anos 1950, revelaram que, no período da suposta conquista israelita (segunda metade do século XIII antes de nossa era), as muralhas, e até mesmo a cidade inteira, tinham sido arrasadas havia mais de dois séculos pelos egípcios da XVIII dinastia. Josué, portanto, conquistou uma cidade que não existia mais! Todas as escavações posteriores, popularizadas pelo best-seller do famoso arqueólogo israelita Israel Finkelstein, *A Bíblia não tinha razão* (2002), destruíram as representações tradicionais da conquista do país de Canaã (antiga Palestina romana) e a instalação dos hebreus, bem como o desenvolvimento da monarquia. Embora o rei Davi tenha efetivamente existido, ele era apenas o chefe de um pequeno clã. Quanto ao esplendor do templo construído por seu filho Salomão, trata-se de um mito mais tardio, provavelmente surgido sob o reinado de Josias (início do século VII), no momento em que a Bíblia começa a ser escrita.

A fé diante do desafio da crítica histórica

Já esperamos uma objeção: se todas essas narrativas são constituídas principalmente de mitos e de empréstimos, isso significa que a fé dos judeus não repousa numa revelação divina, mas em invenções humanas. Aliás, seria necessário dizer: a fé dos judeus *e* dos cristãos, pois estes, em suas Escrituras, absorveram totalmente a Bíblia hebraica que eles qualificaram como "Antigo Testamento", palavra que significa "aliança".* Isso porque, fundamentalmente, a Bíblia conta a história de uma aliança entre Deus e a humanidade (Adão e Noé), em seguida, entre Deus e o povo hebreu, por meio da promessa feita por Deus a Abraão de lhe dar uma descendência inumerável e uma terra, o país de Canaã. As Escrituras cristãs (quatro evangelhos, Atos dos Apóstolos, Epístolas de Paulo, Apocalipse etc.) constituem o "Novo Testamento", pois os cristãos pensam que Deus selou uma nova aliança com a humanidade na pessoa de Jesus Cristo. O Antigo e o Novo Testamento formam a Bíblia cristã, e os cristãos dão muita importância a todas as narrativas bíblicas do Antigo Testamento. Isso porque não apenas Jesus era judeu e acreditava nas Sagradas Escrituras de seu povo, mas também porque considera-se que elas anunciam a vinda do Messias, o eleito de Deus e o libertador de Israel, que os discípulos de Jesus reconhecerão em seu mestre.

A crítica moderna interpela, então, não apenas os judeus, mas também os cristãos. Não destrói ela mesma o próprio fundamento da fé ao questionar a historicidade da narrativa bíblica? De fato, ela não nega todo o fundamento histórico das narrativas sobre as origens de Israel. É impossível saber se esses

* A palavra testamento vem do latim vulgar *testamentum* que, por sua vez, é a tradução da palavra grega *diatheke*, que significa aliança/convenção. (N. da E.)

textos foram inteiramente inventados para resultarem numa "grande narrativa das origens", logo, em legitimidade religiosa e política para a história do povo judeu, ou se elas se originam de tradições orais muito antigas, fundadas em fatos históricos reais. Provavelmente, a verdade se encontra no meio. Abraão e Moisés talvez tenham existido, mas suas vidas foram, em grande parte, inventadas. Talvez os hebreus tenham conhecido a escravidão no Egito, talvez o tenham abandonado sob a condução de um chefe carismático chamado Moisés, mas eles não eram efetivamente senão algumas centenas de famílias, e a partida de tais famílias não chamou a atenção da aristocracia egípcia, muito menos do faraó. Em seguida, eles se estabeleceram na terra de Canaã, sem conquista militar triunfal, e, rapidamente após o reinado do rei Davi, por volta do século X, eles se dividiram em dois reinos, o de Israel, ao norte, e o de Judá, ao sul, em torno de Jerusalém. Eu já contei a continuação da história — agora perfeitamente comprovada por fontes literárias bíblicas, extraliterárias e arqueológicas — da queda dos dois reinos, da deportação para a Babilônia e da reconstrução do templo na volta do exílio. Foi nesse período tardio, que vai do século V ao II antes de nossa era, que a identidade judaica se fixa em torno da Torá — a Lei — e do Templo de Jerusalém, tal como a conhecerá Jesus alguns séculos mais tarde. Logo, eu não diria que a crítica moderna impossibilita a leitura da Bíblia, mas simplesmente sua leitura literal. Aparentemente, existe um fundo histórico em alguns acontecimentos contados, contudo os narradores não foram fiéis à história. Por razões políticas e espirituais. Políticas, porque a Bíblia tenta legitimar Israel e sua realeza. Espirituais, na medida em que esses acontecimentos podem ser lidos não meramente em sentido literal, porém num sentido simbólico e espiritual mais profundo. Por exemplo, a história de Adão e Eva no jardim do

Éden é um mito que seguramente não tem fundamento histórico, mas que pretende dizer alguma coisa profunda sobre a humanidade e sua relação com Deus: o ser humano, hoje em dia, está em situação de exílio em relação a Deus, que é sua origem, porque se afastou Dele. Deus se revela ao homem para ajudá-lo a restaurar esse laço perdido. Essa é a trama fundamental da Bíblia. A história de Abraão, mesmo que o personagem não tenha necessariamente existido, é igualmente rica em ensinamentos espirituais porque ele é o arquétipo do crente. Eis um homem que vive na Mesopotâmia, na cidade de Ur, e a quem Deus vai pedir que deixe tudo, a família e a terra de seus ancestrais, para ir para uma terra desconhecida, a célebre terra prometida. Já em idade avançada, Abraão obedece. Em seguida, Deus lhe promete uma descendência inumerável embora sua mulher, Sara, seja estéril e já muito idosa. Ele confia em Deus e Sara gera Isaac. Alguns anos depois, como vimos, Deus pede que Abraão imole seu filho, aquele filho da promessa, o que é tão absurdo quanto cruel. Abraão, no entanto, continua obedecendo e se prepara para sacrificar o filho quando um anjo detém seu braço: Deus o impediu de fazê-lo. Podemos ver nesses episódios uma metáfora da fé: o verdadeiro crente muda de vida, deve estar pronto para renunciar à família, aos seus laços sociais, a fim de ir para uma terra desconhecida, a da busca espiritual, que necessariamente o desestabiliza. Ele sempre confia em Deus apesar das aparências e dos obstáculos. E Deus, que testou sua fé, lhe mostra que Ele é sempre fiel à Sua promessa e transforma seu olhar, mostrando que a verdadeira fé não exige sacrifícios sangrentos, como as religiões dominantes na época acreditavam.

O mesmo acontece com o Êxodo. Embora a história de Moisés tenha um substrato histórico fraco, ela fala especialmente de libertação interior. O Egito representa o mundo da servidão ao pecado, e a Terra prometida é o símbolo do Reino de Deus, ou seja, de um mundo liberto do mal e do pecado. A caminhada de quarenta anos (número simbólico que encontramos em muitas tradições religiosas) do povo hebreu no deserto pode ser entendida como o caminho iniciático pelo qual Deus conduz cada crente, da escravidão à liberdade, educando-o na Lei (os dez mandamentos recebidos por Moisés no monte Sinai), experimentando-o e consolando-o. Podemos assim realizar uma leitura espiritual da maioria das narrativas da Bíblia, porque as histórias ali contadas são impressionantes, universais e também nos emocionam.

Os salmos, por exemplo, essas preces magníficas, ainda são recitadas pelos judeus religiosos, e todos os dias pelos religiosos católicos do mundo todo, que leem integralmente os salmos em seus ofícios ao longo da semana. *O cântico dos cânticos* é um dos mais antigos e belos poemas de amor da humanidade, tamanha sua força erótica. Alguns livros sapienciais, como *Qohelet* (ou *Eclesiastes*), oferecem uma profunda meditação sobre a vida. A Bíblia transborda de tesouros literários, de histórias palpitantes, de textos carregados de sentido. Hoje em dia, entretanto, é racionalmente impossível fazer uma simples leitura literal ao modo dos fundamentalistas judeus e cristãos, que afirmam que Deus criou o mundo há menos de 6 mil anos, que Moisés é o autor único da Torá (a narrativa de sua própria morte é, aliás, contada no final da Torá, o que apresenta um problema insolúvel para os fundamentalistas), e que ele atravessou o mar Vermelho a pé, seco, à frente de 600 mil famílias.

A violência no Antigo Testamento

Acrescentarei que, além da crítica histórica e arqueológica, há também, na Bíblia, numerosas contradições que tornam sua leitura literal absurda, assim como versículos particularmente violentos que, ao pé da letra, fazem de Deus um ser de crueldade excepcional, que mata, por exemplo, todos os primogênitos do Egito para punir o faraó que teima em manter os hebreus em escravidão. Quanto a Moisés e seus sucessores, eles não se privam de ordenar muitos massacres em nome de Deus por ocasião das guerras contra os infiéis ou da conquista da terra prometida. Assim acontece quando, em uma expedição punitiva contra os midianitas, Moisés fica furioso porque seus comandantes, apiedados, pouparam as mulheres e as crianças. Ele lhes disse: "Matai, portanto, todas as crianças do sexo masculino. Matai também todas as mulheres que conheceram varão, coabitando com ele. Não conserveis com vida senão as meninas que ainda não coabitaram com homem, e elas serão vossas" (Números, 31, 17). Uma leitura histórica e literal da Bíblia faz de Moisés um criminoso que conclama não apenas a matar mulheres e crianças, mas também a violar meninas! E eu poderia multiplicar os exemplos.

Estrutura da Bíblia

Nem todos os textos da Bíblia são, contudo, violentos, longe disso! O que chamamos hoje de Bíblia é uma biblioteca de textos muito variados. A maioria deles foi escrita em hebraico e algumas passagens, em aramaico, que se tornou a língua corrente do povo judeu na volta do exílio. Naquela época, ainda não se fala de Bíblia, mas do *TaNaK*, palavra formada da primeira letra dos três termos hebraicos que significam Lei (*Torah*), Profetas (*Nebiim*) e Escritos (*Ketuvim*). As escrituras judaicas são reunidas nestes três grandes grupos. O *Tanak* foi traduzido para o grego no século III antes de nossa era pelos eruditos da comunidade judaica de Alexandria. Ele recebeu o nome de Septuaginta porque, segundo a lenda, setenta sábios participaram de sua tradução. Foi então que surgiu a palavra *tà bíblia*, neutro plural, que significa "os livros", em referência à cidade fenícia de Byblos, onde se vendia o papiro importado do Egito, necessário à feitura dos livros. Mas os judeus, bem como os primeiros cristãos, utilizam a expressão "as Escrituras", e foi somente na Idade Média que o termo latino *bíblia* (Bíblia), como feminino singular, se impõe para designar as Escrituras judaicas e cristãs. É interessante observar que os cristãos conservaram integralmente o Tanak, mas mudaram a ordem dos três grandes grupos: eles começam também pela Lei, mas situaram os Profetas depois dos Livros Proféticos e Sapienciais, exatamente antes dos textos do Novo Testamento, a fim de sublinhar o fato de que Jesus foi anunciado pelos profetas anteriores. Ele é o último profeta enviado por Deus, seu Messias.

Os manuscritos do mar Morto

Muitos se perguntam se a descoberta dos famosos manuscritos de Qumran, a partir de 1948, na costa do mar Morto, trouxe revelações sobre a datação ou a redação das Escrituras judaicas e cristãs. Cristãs não, pois nenhum desses textos faz referência a Jesus, já que eles foram escritos entre o século III antes de nossa era e o início da nossa, quando Jesus ainda não tinha iniciado sua pregação. São textos exclusivamente judaicos, muito provavelmente escritos pela célebre comunidade dos essênios de que fala o historiador judeu Flávio Josefo, aproximadamente no final do primeiro século, em suas *Antiguidades judaicas*. Esses manuscritos foram encontrados em jarros escondidos em grutas, bem ao lado de ruínas essênias. Numerosos textos se referem à vida cotidiana e às regras religiosas. Mas também — e foi o que mais apaixonou os especialistas da Bíblia — foram encontrados trechos de quase todos os livros do Tanak, os mais antigos remontando ao século III antes de nossa era — o que confirma que a Bíblia hebraica já estava realmente constituída naquela época, embora alguns historiadores afirmassem que tenha sido concluída somente no início do primeiro século antes de nossa era. A mais antiga Bíblia hebraica em hebreu que até então se conhecia datava do século X de nossa era. De repente, foi descoberto um manuscrito quase completo da Bíblia, que a antecedia em mais de mil anos! É isso que faz do Qumran uma das maiores descobertas arqueológicas de todos os tempos. Mas não há nele nenhuma revelação particular que ponha em questão as histórias contidas na própria Bíblia, e muito menos quanto à vida de Jesus, contrariamente ao que afirma Dan Brown em *O código Da Vinci*!

A Bíblia, palavra de Deus? Pluralidade das interpretações

De que modo, levando-se em conta a crítica moderna, a Bíblia pode ainda ser considerada a palavra de Deus? Os crentes podem dizer — e eles o fazem, exceto os fundamentalistas — que a Bíblia não é um livro escrito ou ditado por Deus, mas *inspirado* por Deus, que exige uma interpretação. Algumas passagens podem ser compreendidas ao pé da letra e outras pedem uma interpretação simbólica ou espiritual. Os crentes mais abertos à crítica moderna vão mais longe e pensam que, se alguns livros e passagens da Bíblia são inspirados por Deus, outros são apenas fruto de uma ideologia de conquista política.

O que vale para os cristãos vale também para os judeus. Estes possuem um discurso diferente, conforme a corrente à qual pertencem. A corrente histórica mais antiga é a corrente dita "ortodoxa", que deixa pouco espaço para a crítica histórica moderna. Trata-se de uma corrente tributária de uma concepção tradicional, bem resumida pelo pensador Maimônides no século XII, para quem: "A Torá provém dos céus, quer dizer, cremos que toda esta Torá atualmente em nossas mãos é a Torá que foi dada a Moisés, e ela provém inteiramente da 'boca de Deus'." Vimos que semelhante postura se tornou insustentável nos dias de hoje por causa dos conhecimentos filológicos, históricos e arqueológicos. Aliás, ela já havia sido combatida pelo filósofo Baruch Spinoza no século XVII, o que lhe valeu ser violentamente excluído da sinagoga. No entanto, tal postura continua a ser defendida pela maioria dos rabinos da corrente ortodoxa, que afirmam que renunciar a ela levaria à destruição do fundamento da fé judaica.

O judaísmo reformado, que nasceu na Europa no movimento das Luzes, é o mais aberto à crítica histórica e considera que cada judeu pode livremente interpretar de modo literal ou simbólico a Torá, e que a observação dos *mitzvot* (mandamentos divinos) não constitui o essencial da religião judaica, a qual é, antes de tudo, uma exigência ética. O movimento reformado insiste também na revalorização da mulher. Hoje, os diferentes movimentos ditos do "judaísmo liberal", herdeiros contemporâneos do judaísmo reformado, aceitam, por exemplo, que as mulheres se tornem rabinos, o que é impensável para os judeus ortodoxos. Em compensação, o *conservative judaism*, bem forte nos Estados Unidos e que na Europa chamamos de movimento massorti (do hebraico *massoret*, "cadeia, tradição"), nascido no início do século XX, quer ser ao mesmo tempo tradicional e moderno. É tradicional na medida em que considera, a exemplo dos ortodoxos, que o judaísmo repousa essencialmente na observação dos *mitzvot* enquanto mandamentos divinos. E moderno porque admite que a Torá não desceu do Céu tal e qual, mas é fruto de um processo literário e histórico complexo, de uma interação entre palavra divina e interpretação humana. Em outras palavras, mesmo que a Torá não tenha sido ditada palavra por palavra por Deus a Moisés, mesmo que ela seja a obra de vários autores e o fruto secular da meditação dos Anciãos de Israel, mesmo que ela deva a outras tradições externas, ela exprime uma intenção divina bem real. Enquanto a maioria dos ortodoxos se conservam numa postura fundamentalista, os liberais e os massorti admitem o lugar essencial da meditação humana na elaboração da Torá e consideram que a Revelação é um processo histórico no qual inspiração divina e contextualização humana necessariamente se imbricam.

É certo que existem numerosos judeus ateus, agnósticos ou crentes não praticantes, porém, entre os religiosos/praticantes, os ortodoxos que pregam uma leitura fundamentalista da Bíblia continuam sendo a maioria, seja em Israel, na Europa, ou nos Estados Unidos. A maioria rejeita em bloco a crítica histórica e não pode tolerar a ideia de que Moisés não tenha escrito a Torá sob ditado de Deus. Exatamente como os fundamentalistas muçulmanos, também muito majoritários, que afirmam a mesma coisa em relação a Maomé e ao Alcorão.

Durante muito tempo, os cristãos também fizeram uma leitura fundamentalista da Bíblia, contudo atualmente não é mais o caso para a grande maioria, com exceção dos integristas católicos e dos protestantes evangélicos fundamentalistas. Isso se deve ao fato de que a crítica histórica moderna nasceu na cultura cristã. A maioria dos pioneiros da crítica bíblica era composta de pastores protestantes ou de teólogos católicos.

Alguns se chocaram com a Igreja. Mas estes evoluíram e, nos dias de hoje, as Igrejas católica e protestante absorveram perfeitamente a maioria das aquisições da crítica histórica. Elas se contentam em afirmar, como os judeus liberais massorti, que Deus não ditou palavra por palavra, mas inspirou as Santas Escrituras, as quais não devem ser lidas de modo literal. Em sua última obra sobre Jesus, o próprio papa Bento XVI dá um bom exemplo da utilização da exegese crítica em sua leitura dos evangelhos. Ele insiste em explicar que tal palavra de Jesus é provavelmente um acréscimo tardio, que tal outra, ao contrário, é certamente autêntica etc. Em resumo, ele está perfeitamente impregnado da crítica racional da Bíblia, na qual são atualmente formados todos os teólogos católicos e protestantes, ao contrário da maioria dos rabinos judeus ortodoxos e dos imãs muçulmanos, que continuam a fazer uma leitura fundamentalista tradicional de suas Escrituras, com medo, sem dúvida, de que todo o edifício desmorone.

Assim é que assistimos, nos anos 1960, a um episódio memorável que marcou profundamente a comunidade judaica anglófona. Um dos principais rabinos ingleses, Louis Jacobs (falecido em 2006), formado na mais estrita ortodoxia, teve recusada sua nomeação à direção do Jews' College (seminário que forma os rabinos ingleses) por um veto do Grande Rabino da Inglaterra, simplesmente porque ele aceitava alguns aspectos da crítica histórica moderna, arriscando-se, desse modo, a contaminar os futuros rabinos, inculcando-lhes, por exemplo, que as Escrituras dão testemunho da percepção humana do absoluto e não de sua expressão imediata. Jacobs foi alvo de tantos ataques que teve de romper com a ortodoxia para se tornar a figura de proa do judaísmo massorti, que ele considerava a corrente esclarecida do judaísmo tradicional.

Judaísmo e zoroastrismo

Uma questão importante divide os historiadores das religiões: excetuando-se a breve experiência de Akhenaton, no Egito, seriam os judeus os inventores do monoteísmo? Vimos que a crença monoteísta judaica não pode ser comprovada antes dos séculos VII-V antes de nossa era, quer dizer, exatamente depois da deportação das elites do judaísmo para a Babilônia. É nesse exato momento que se impõe o culto ao Deus único. Javé não é mais apenas uma divindade nacional dos judeus, que coabita com numerosas outras divindades: ele se torna o único Deus verdadeiro, criador do mundo. Ora, hoje sabemos que outra religião monoteísta nasceu aproximadamente no mesmo momento, na Pérsia: o zoroastrismo. Ahura Mazda (literalmente a "existência que possui sabedoria") é o deus único da religião mazdeana fundada por Zaratustra (Zoroastro, em grego). Os poemas ou cantos que lhe são atribuídos, os *Gathas*, são belos textos que somente se conseguiu traduzir nos meados do século XIX. Eles apresentam uma religião estritamente monoteísta, embora ela se insira num dualismo ético ao propor o combate entre o bem e o mal como a condição fundamental da vida. Ahura Mazda é apresentado como o Deus único, criador do mundo. Diferentemente do Deus da Bíblia, contudo, ele precisa de suas criaturas para concluir sua criação, que ainda é imperfeita. Deus inspira a ideia do bem e apoia os esforços de todos os seres que aspiram levar a obra divina à perfeição. O mundo tende, então, para um estado de realização última no qual o mal e a morte desaparecerão. De maneira semelhante aos profetas bíblicos, Zaratustra fala com Deus e Deus lhe responde. Estamos, portanto, diante de uma tradição profética muito próxima da tradição judaica.

Saber qual das duas tradições é a mais antiga é uma questão muito discutida. Os zoroastrianos datam o nascimento de seu profeta de 1778 anos antes de nossa era, ou antes ainda. Mas, se aplicarmos o mesmo método histórico e crítico ao zoroastrismo e ao judaísmo antigo, poremos seriamente em dúvida essa data tão antiga. É verdade que há pouco tempo foram descobertos em Margadia, no Turcomenistão, alguns templos zoroastrianos que poderiam datar do segundo milênio antes de nossa era, mas não há consenso a respeito dessa datação. Podemos também destacar que o avéstico antigo, língua na qual foram redigidos os Gathas, é muito próxima do sânscrito védico, que também data do segundo milênio, embora não seja um argumento decisivo. Em compensação, sabemos com certeza, graças às tabuinhas encontradas em Persépolis, que o culto de Ahura Mazda já existe no final do século VI. Zaratustra viveu nessa época ou séculos antes? Seu nome é mencionado pela primeira vez somente no século V pelo historiador Heródoto. Não podemos, portanto, afirmar, como fazem os zoroastristas e alguns historiadores, que o zoroastrismo é a primeira grande religião monoteísta da humanidade. Podemos, todavia, constatar que, no momento exato em que o monoteísmo judeu é forjado, outro monoteísmo se desenvolve a alguns milhares de quilômetros da Judeia. Os judeus, aliás, tiveram contato com o zoroastrismo quando do exílio na Babilônia e, especialmente, quando da libertação pelo rei persa Ciro, em 539 antes de nossa era. Esse personagem os marcará de maneira tão forte que o profeta Isaías o transformará numa figura messiânica: "Assim diz Javé ao seu ungido, a Ciro que tomei pela destra a fim de subjugar a ele nações e desarmar reis" (Isaías, 45, 1-3).

Isso se torna engraçado quando se sabe que Ciro, que era bem tolerante e dava aos povos conquistados liberdade religiosa, possuía uma visão henoteísta, e não monoteísta, uma vez que admitia a presença de outros deuses ao lado de Ahura Mazda. Também encontramos em alguns livros bíblicos escritos após o exílio vários empréstimos teológicos ao zoroastrismo, como justamente a noção messiânica e ainda toda a angelologia e a hierarquia angélica — os sete arcanjos, os anjos da guarda etc. —, ou ainda a ideia de fim de mundo e de juízo final no qual Deus julgará os vivos e os mortos. Esses temas são tão persistentes no judaísmo tardio, aquele que Jesus conhecerá, que impregnam profundamente seu ensinamento. A tal ponto que o cardeal Franz Koenig, uma das maiores figuras do Concílio Vaticano II e ex-arcebispo de Viena, um erudito conhecedor da Antiguidade, não hesitou em afirmar, num colóquio em Teerã, no dia 24 de outubro de 1976: "Todo aquele que quiser compreender Jesus deve partir do universo espiritual de Zoroastro."

A ideia de um Deus único e criador se desenvolveu, portanto, paralelamente em duas regiões do mundo mediterrâneo durante o primeiro milênio antes de nossa era. Por que o judaísmo suplantou o zoroastrismo? Sem dúvida por dois motivos: a força e a beleza da narrativa bíblica e o sucesso fulminante do cristianismo a partir do século IV de nossa era, que, de certa forma, vai globalizar o Deus bíblico dos judeus ao qual o cristianismo se refere.

A ruptura entre judeus e cristãos

Os cristãos, porém, vão se separar dos judeus e persegui-los durante séculos. Jesus é judeu e todos os seus primeiros discípulos também o são. A ruptura entre os judeus e os judeus-cristãos (os primeiros discípulos de Jesus) acontece durante os primeiros decênios que se seguem à morte de Jesus, por um lado, porque muitos judeus não reconhecem Jesus como o Messias; por outro, porque alguns líderes da nova Igreja cristã, começando por Paulo, não querem impor as leis judaicas aos novos convertidos provenientes do paganismo. Segundo Paulo, é doravante a fé em Jesus Cristo que é fonte de salvação, e não a estrita observância da lei de Moisés. A ruptura entre judeus e cristãos se torna inevitável. No entanto, os cristãos — quer tenham vindo do judaísmo, quer do paganismo — adotam a Bíblia judaica, à qual acrescentam seus próprios escritos.

Em contrapartida, os cristãos vão rejeitar violentamente o povo judeu, considerado a partir daí como o "povo deicida" (a expressão data do século II) que matou Jesus, o filho de Deus. Será preciso esperar até o século XX para que a Igreja abandone radicalmente essa concepção errônea (foram alguns grandes sacerdotes, e não as pessoas do povo, que desejaram a morte de Jesus) e dramática, já que ela ensinou o ódio e o desprezo pelos judeus durante quase dois milênios. Felizmente, existem hoje numerosos movimentos judeus e cristãos que tentam restaurar a relação entre essas duas religiões irmãs. O impacto do pontificado de João Paulo II foi, nesse aspecto, determinante, já que ele foi o primeiro papa a entrar na grande sinagoga de Roma e a pedir perdão ao povo judeu pelos crimes cometidos pelos cristãos. Numerosos teólogos cristãos colaboram para a reabilitação do judaísmo na teologia cristã, e cada vez mais judeus se interessam pela figura de Jesus, que eles reconhecem como um dos seus, sem renunciar ao judaísmo. Tudo isso ainda era inimaginável há cinquenta anos.

4

Jesus: Deus é amor

Jesus era, então, um judeu praticante ligado à Torá. Os quatro Evangelhos, de Marcos, Mateus, Lucas e João, contam como os grandes sacerdotes de Jerusalém o entregaram ao procurador romano, Pôncio Pilatos, para que ele o condenasse à morte. Por que ele incomodou a esse ponto? Foi principalmente através dos evangelhos (palavra que significa "boa-nova") que somos informados a respeito dessa questão. Esses textos foram escritos a partir de narrativas orais entre 40 e 70, depois da morte de Jesus, muito provavelmente acontecida no ano 30 de nossa era. Os quatro evangelhos foram precedidos das cartas de Paulo, escritas cerca de vinte anos após a morte de Jesus, mas Paulo não conheceu Jesus. Ele era um judeu erudito e fanático que perseguia os discípulos de Jesus (ele teria participado do apedrejamento de Santo Estêvão) e que, de repente, se converteu à fé cristã depois de ter tido uma visão na qual Jesus lhe teria dito: "Por que me persegues?" (Atos dos Apóstolos 9, 4). Ao se tornar um ardente divulgador da mensagem de Cristo, Paulo exerceu um papel determinante na construção da fé cristã, em oposição à lei judaica, insistindo na fé e no amor como os elementos mais importantes da prática religiosa em detrimento da observância da lei. Jesus, porém, jamais se distanciou do judaísmo, embora tenha desejado reformá-lo por meio de sua mensagem de misericórdia, de perdão, de amor, que se opunha ao legalismo estrito.

A superação da Lei pelo amor

Para mim, o episódio mais perturbador é o da mulher apanhada em flagrante delito de adultério: escribas e fariseus levam a Jesus essa mulher, lembrando-lhe que a Lei exige que ela seja apedrejada. Eles querem, assim, pô-lo à prova, imaginando que ele se recusará a aderir à Lei. Jesus se abaixa e escreve algo na areia. Em seguida, ergue-se e diz: "Quem dentre vós estiver sem pecado, seja o primeiro a lhe atirar uma pedra!" E João, que conta esse episódio, nos diz que todos os acusadores da mulher partiram, um após outro, "a começar pelos mais velhos" (João 8). Jesus às vezes viola também a sacrossanta lei do Sabá e come sem ter feito as abluções rituais; ele frequenta leprosos, prostitutas, samaritanos, todos aqueles que os homens religiosos consideram "impuros". De fato, ele desconstrói a distinção tradicional entre o puro e o impuro para afirmar que a Lei se aplica não aos objetos ou aos estados de determinadas pessoas (mulheres em período de menstruação, os infiéis, os leprosos etc.), mas ao que sai do coração do homem: seus pensamentos, suas intenções boas ou más (Marcos 7). Sem nunca romper com o judaísmo, sem nunca querer ab-rogar a Lei, ele a redefine, no entanto, profundamente, o que não poderia senão levá-lo à perda.

O conflito entre Jesus e os grandes sacerdotes

A maioria dos profetas acaba mal porque eles atrapalham e denunciam as instituições que detêm o poder. O conflito não é entre Jesus e o judaísmo, como ainda erroneamente se pensa, mas entre Jesus e o poder religioso. As autoridades religiosas de sua época não podiam compreender uma mensagem tão revolucionária. Eles correm o risco de perder o poder e os enormes rendimentos obtidos com os sacrifícios no Templo, que serviam à purificação. Rendimentos contra os quais Jesus se indigna de maneira violenta: "Não façais da casa de meu Pai uma casa de comércio" (João 2, 16). Se acrescentarmos a isso o fato de que ele chamava Deus de "meu Pai", apresentando-se, assim, numa relação privilegiada com Deus, podemos compreender perfeitamente que alguns grandes sacerdotes, como contam os evangelhos, tenham desejado levá-lo à morte. E como lhes era proibido fazê-lo diretamente, apelam para o poder romano de ocupação, único habilitado a pronunciar uma pena capital.

Paulo, verdadeiro fundador do cristianismo

Paulo, no entanto, deu um passo adiante ao sugerir que os novos convertidos oriundos do paganismo não fossem submetidos à lei judaica (a circuncisão e as leis de pureza alimentares e rituais). Isso provocou fortes tensões no seio da jovem comunidade cristã então composta unicamente de judeus. Paulo acaba convencendo os principais apóstolos, Pedro e Tiago, quando de um encontro em Jerusalém que aconteceu aproximadamente vinte anos depois da morte de Jesus, e que de certo modo selou a ruptura definitiva com o judaísmo: daí em diante, a Lei de Moisés não terá mais de ser observada pelos novos discípulos do Cristo. Por isso, podemos considerar Paulo o verdadeiro fundador do cristianismo como religião distinta do judaísmo.

Na medida em que ele nunca ab-rogou a Torá, na medida em que nunca deixou de afirmar seu apego à fé e aos rituais judaicos (embora por vezes ele não os respeite para mostrar que eles são apenas meios), Jesus não fundou uma religião distinta do judaísmo. "Não penseis que eu vim revogar a Lei, mas dar-lhe pleno cumprimento" — afirma ele no célebre sermão da montanha. É Paulo quem vai apressar a cisão com o judaísmo, afirmando que a fé em Jesus agora substitui a Lei de Moisés no plano de Deus. É ele quem vai desenvolver toda a teologia da Redenção e da salvação universal pelo Cristo. E é nele que encontramos o germe da teologia da encarnação, embora seja necessário esperar o fim do primeiro século e o Evangelho de João para que ela se torne explícita. A Igreja cristã nasce com Paulo.

Temos certeza da existência histórica de Jesus?

Podemos confiar nos evangelhos, mesmo que tenham sido redigidos somente alguns decênios após os fatos — e não vários séculos depois, como a Bíblia? Como ter mesmo certeza de que Jesus existiu? Não temos prova absoluta alguma da existência de Jesus porque ele não escreveu nada e, em vida, foi um personagem desconhecido dos historiadores romanos. O que, aliás, é perfeitamente normal, já que ele era apenas um obscuro pequeno profeta judeu da distante província da Judeia, como dezenas de outros que existiram depois da ocupação romana. Somente vários decênios depois de sua morte, quando sua comunidade de discípulos continuou crescendo, os historiadores antigos se interessaram por aquele personagem. Do mesmo modo, é lógico que não encontramos nenhum vestígio arqueológico de sua vida, pois ele não construiu nenhuma cidade, não mandou cunhar moeda com sua efígie e não morava em nenhum palácio. Era uma espécie de vagabundo errante que, na maioria das vezes, dormia ao relento, cercado por uma comunidade de discípulos, composta principalmente por gente simples do povo, sem cultura, marginais e rejeitados. A única coisa que pode provar sua existência, mas é uma prova pelo absurdo, é que sua não existência traria mais problemas aos historiadores do que sua existência! Porque, se Jesus não existiu, como explicar o movimento que se criou em torno de seu nome (por quem? por quê?). Como explicar que dezenas de discípulos tenham sido perseguidos em seu nome por autoridades judaicas e romanas, muitos deles chegando a dar a vida por fidelidade à fé que depositavam nele? E por que motivo se teria inventado uma história tão absurda e pouco sedutora como a de um filho de Deus que acaba crucificado como um criminoso qualquer? E, além disso, contrariamente ao que constatamos quanto a Moisés e Abraão, a narrativa de sua vida foi escrita quando testemunhas oculares ainda viviam. Em resumo, por todos esses motivos, os historiadores são unânimes em confirmar a existência histórica de Jesus, o que não significa que aquilo que os discípulos contam seja sempre verdadeiro. Os quatro evangelhos são textos escritos por crentes, num contexto muito particular de dupla perseguição das autoridades judaicas e romanas. Esses textos refletem a fé dos primeiros discípulos de Jesus e possuem as marcas dessas polêmicas. Não são documentos a serem levados ao pé da letra. Alguns fatos podem ter sido inventados para atender às necessidades da causa, e também podemos levantar erros históricos ou algumas contradições flagrantes entre as diferentes narrativas evangélicas.

Jesus nasceu em Nazaré ou em Belém?

Tomemos o exemplo do nascimento de Jesus. Mateus afirma que Jesus nasceu sob o reinado de Herodes. Hoje, sabemos com certeza que Herodes morreu em 4 a.C. de nossa era. Por si só, isso não é um problema para os historiadores, já que se constatou que o monge Denis, o Pequeno, no século VI, encarregado pelo papa de datar o nascimento de Jesus, cometeu um erro de seis anos, apoiando-se no reinado de Tibério. Na verdade, o nascimento de Jesus deve ser datado por volta de 6 anos a menos que a data tradicional, portanto, ele nasceu sob Herodes. Mas os textos apresentam problema quando Mateus e Lucas afirmam que Jesus nasceu em Belém, na Judeia. Seus pais viviam em Nazaré, uma pequena cidade da Galileia, onde Jesus viveu por aproximadamente trinta anos como humilde carpinteiro, até o início de sua pregação. Ora, como as Escrituras judaicas, por intermédio do profeta Miqueias, anunciavam que o Messias, descendente de Davi, viria de Belém, era indispensável que os evangelistas fizessem Jesus nascer naquela cidade, para convencer seus auditórios de que ele era efetivamente o Messias esperado. Mateus resolve o problema demonstrando que a família de Jesus vivia na Judeia, em Belém, ou nas proximidades, até seu nascimento, e que, em seguida, mudou-se, para viver na Galileia, em Nazaré. Lucas afirma, ao contrário, que sua família já vivia em Nazaré, mas José, o pai de Jesus, teve de ir a Belém, sua cidade natal, por causa do recenseamento ordenado pelo imperador Augusto, quando Quirino era governador da Síria. Sendo José, de acordo com os evangelhos, da linhagem de Davi, ele teria descido a Belém, com Maria, grávida de Jesus, o qual, então, nasceu onde devia, para que a profecia se realizasse. Ora, hoje sabemos que Quirino foi governador da Síria apenas a partir do ano 6 de nossa era. Então, Jesus tinha pelo menos 12 anos na época do famoso recenseamento (já que ele nasceu por volta de -6)! Logo, é muito provável que ele tenha simplesmente nascido em Nazaré e as contradições entre Mateus e Lucas sejam explicadas pelo mero desejo do segundo de dar uma justificativa ao curioso exílio da família em Belém, justo no momento de seu nascimento.

Confiabilidade histórica dos Evangelhos

Poderíamos dar outros exemplos de contradições ou de exageros dos textos evangélicos, mas, no conjunto, e também devido ao fato de que foram escritos rapidamente após os acontecimentos narrados, eles parecem bastante confiáveis pela clareza interna, pela descrição precisa do ambiente judeu e da Jerusalém da época. Algumas fontes externas (Flávio Josefo, Tácito, Plínio, o Jovem) confirmam a morte de Jesus por Pôncio Pilatos, e os exegetas pensam que a vida e as palavras de Jesus são, no conjunto, fiéis aos fatos, mesmo que algumas palavras tenham sido inventadas ou deformadas e que acontecimentos milagrosos — como seu nascimento no seio virginal de Maria ou a cortina do Templo que se teria partido em duas no momento de sua morte — sejam invenções teológicas destinadas a convencer os auditórios da época de que Jesus era realmente o Messias esperado.

Podemos notadamente pensar que a narrativa de sua paixão é autêntica em sua trama principal porque seria pouco honroso pensar com tantos detalhes o fim trágico e lamentável do mestre, flagelado e crucificado como um criminoso, e ainda abandonado por todos os discípulos, com exceção das mulheres e do mais jovem dentre eles: João. O episódio final da Ressurreição apresenta, evidentemente, um enorme problema para o historiador que não pode absolutamente se pronunciar sobre um fato milagroso. A não ser para dizer que não existe qualquer prova tangível da Ressurreição. Ora, esse episódio constitui o próprio fundamento da fé cristã.

A mesma observação pode ser aplicada aos textos do Novo Testamento e aos do Antigo: não são testemunhos objetivos, mas o reflexo da fé de seus redatores. Eles não podem ser tomados ao pé da letra e exigem serem interpretados, mesmo que a proximidade dos acontecimentos os torne *a priori* mais críveis do que os narrados nos primeiros livros da Bíblia sobre a origem do mundo e do povo hebreu. Eu acrescentaria, ao inverso da teoria conspiratória de Dan Brown, em *O código Da Vinci*, que, se a Igreja tivesse adulterado totalmente os textos primitivos quando ela teve o apoio do poder político no século IV, e o cânone das Escrituras foi definitivamente fixado, ela teria suprimido suas incoerências e as palavras embaraçosas para ela. Ora, isso não aconteceu. O que mostra que os cristãos dos séculos iniciais não ousaram tocar naqueles primeiros testemunhos que eles consideravam autênticos, embora determinados episódios, como o da negação de Pedro ou o da fuga dos apóstolos quando da paixão de Jesus, não sejam nada gloriosos.

Os milagres de Jesus

Um grande teólogo católico contemporâneo afirmou: "Eu creio, apesar dos milagres!" O que hoje constitui um problema para nós era, ao contrário, motivo de adesão na época de Jesus. Alguns exegetas pensam que todos os milagres foram inventados pelos evangelistas para manifestar o poder sobrenatural de Jesus e convencer os auditórios de que ele era de fato o eleito de Deus. É muito possível que alguns tenham sido inventados, mas todos, eu não acredito, pois eles são muitos, notadamente as curas múltiplas, e se retirarmos todos esses atos, amputamos bem um terço dos evangelhos. Mas se tratam, de fato, de milagres, quer dizer, de intervenções diretas de Deus contra as leis da natureza? Ou se tratam de fatos misteriosos? Ora, existem numerosos fatos que foram por muito tempo inexplicáveis até que, um dia, encontram explicação. E mesmo nos nossos dias, existem curas que são chamadas de "milagrosas", quer dizer, inexplicáveis no estado atual de nossos conhecimentos, mas cuja causa natural eu tenho certeza de que um dia compreenderemos. Ainda conhecemos mal o espírito humano e sua capacidade de ação sobre a matéria. Nosso cérebro é um continente que permanece largamente inexplorado e o laço entre a matéria e o espírito se revela a nós de maneira contínua, mostrando notadamente que muitas doenças têm causas psíquicas e podem também se curar pela força do espírito. É exatamente o que diz Jesus quando afirma que é a fé que produz milagres (Mateus 17, 20). E quando seus interlocutores não têm fé, os evangelhos nos dizem que Jesus não pode realizar curas. Isso não explica todos os milagres operados por Jesus, mas eu não me preocupo com esses gestos extraordinários que pontuam as narrativas evangélicas.

Jesus tinha necessidade de fazer a própria "publicidade" com esses prodígios? Poderíamos objetar que sua mensagem apenas não bastava? Acredito que ele operou milagres por pelo menos três motivos. O primeiro foi para atrair as multidões e convencê-las por meio desses sinais de que ele era o enviado por Deus. Ao fazê-lo, Jesus às vezes se queixa "dessa geração que procura um sinal" (Marcos 8, 11). Acredito ainda que ele se apiedava dos doentes com quem cruzava e que lhe suplicavam que os curasse. Os teólogos cristãos têm interesse em sublinhar que, ao aliviar a miséria física, Jesus também dava um sinal material de alguma coisa mais profunda: ele veio para curar as almas. Por fim, eu tenho uma explicação mais pessoal. Penso que, se esses sinais estivessem totalmente ausentes dos evangelhos, eles perderiam sua principal motivação dramática: como é que aquele homem que operou tantos sinais mostrando que Deus estava com ele não utilizou seu poder para salvar a si mesmo? Os "milagres" de Jesus, que, repito, podem não ser milagres, têm, portanto, um papel crucial na mensagem que ele pretende passar: mostrar que ele é um homem com poderes extraordinários (logo, divinos, para seus discípulos), mas que renunciou voluntariamente a seus poderes no momento de sua morte para manifestar que Deus é amor e que o amor se manifesta pelo *não poder*. A pobreza, a humildade, a entrega, o espírito de perdão de Jesus quando de sua paixão são sinais que mostram o que Jesus veio dizer de mais importante: Deus é amor. Que Jesus diga na cruz "Pai, perdoa-lhes: não sabem o que fazem" é infinitamente mais perturbador do que se a multidão tivesse dizimado os soldados romanos ou se Jesus tivesse descido de sua cruz tal e qual um super-herói triunfante. Ora, o que impressiona, quando acompanhamos as narrativas evangélicas, é que ele poderia ter feito isso já que possuía poderes extraordinários. Os evangelhos mostram assim algo capital, que perturbou totalmente os discípulos: Jesus inverte a noção messiânica tradicional e, por isso mesmo, o conceito que até então se tinha de Deus.

A inversão da figura messiânica

O Deus bíblico aparece, de fato, como o Deus todo-poderoso, onipotente, que intervém quando quer na vida dos humanos. E os textos bíblicos interpretam as provações individuais ou coletivas dos judeus como punições enviadas ou permitidas por Deus por causa dos pecados cometidos. Em outras palavras, encontra-se uma explicação para o mal através da culpa: eu mereço essa provação, porque pequei. O Messias esperado é um ser com poderes excepcionais que manifesta o poder divino e liberta Israel de seus inimigos. Ao mesmo tempo, segundo alguns profetas, ele fará de Israel uma luz para todas as nações e instaurará sobre a terra uma realeza divina. No tempo de Jesus, esperava-se impacientemente por esse Messias libertador, porque fazia vários séculos que Israel era ocupado pelos exércitos estrangeiros: babilônios, persas, gregos e romanos. Quando eles viram o poder de Jesus em seus milagres, todos os discípulos acreditaram que ele era o Messias anunciado, o libertador de Israel. Por isso, foi aposto ao seu nome o de "Cristo", que significa "Messias" em grego. Mas Jesus começou a desestabilizá-los, mostrando-lhes que viera para inverter os valores tradicionais das sociedades humanas fundadas no poder: "Os primeiros serão os últimos" (Mateus 20, 16); "Pois o Filho do Homem não veio para ser servido, mas para servir" (Marcos 10, 45) etc., e ele afirma essa coisa espantosa: ele vai subir a Jerusalém para ali morrer. Diante do quê, Pedro, designado chefe dos apóstolos, diz que ele jamais conseguirá, e Jesus lhe responde: "Afasta-te de mim, Satanás! (...) porque não pensas as coisas de Deus, mas as dos homens!" (Mateus 16, 23). Em resumo, os apóstolos não podem imaginar que Jesus não vai resistir e aceitar morrer crucificado como um bandido qualquer, embora Deus esteja evidentemente com ele. Porque, na opinião deles, tal fim significaria que ele é rejeitado por Deus, que ele não é o Messias esperado, que ele pecou e está sendo punido pelo todo-poderoso. Ora, Jesus pretende mostrar aos discípulos que a figura do Messias que eles esperam não é a certa, porque a imagem que eles têm de Deus não é correta. Eles esperam um Messias que libertará Israel do jugo dos romanos para instaurar uma espécie de teocracia mundial, enquanto Jesus é um Messias que vem libertar o homem do pecado e lhe revelar que Deus é amor, e não interfere nos negócios temporais dos homens. Seus discípulos esperam um reino terreno, Jesus lhes propõe um Reino celeste, quer dizer, interior. Eles esperam um Messias político, Jesus é um Messias espiritual, que separa radicalmente o político do religioso: "Meu Reino não é deste mundo" (João 18, 36); "Devolvei, pois, o que é de César a César, e o que é de Deus a Deus" (Mateus 22, 21). Eles acreditam num Deus cujo poder supremo se manifesta no mundo. Jesus lhes anuncia um Deus cujo amor é tal que ele lhe proíbe manifestar seu poder em respeito à liberdade humana. Aliás, eu penso que esse afastamento é a principal razão, não apenas da fuga dos apóstolos e da negação de Pedro, mas também da traição de Judas, que é um zelote, um militante político muito ativo em favor da liberação de Israel. Ele não suporta mais a atitude de Jesus, que se recusa a utilizar seu poder a serviço de uma causa política, e o entrega aos sumos sacerdotes como uma espécie de provocação, esperando secretamente que Jesus finalmente reaja. Mas isso não acontece, já que Jesus ordena que Pedro, que quer defendê-lo, guarde o gládio e se deixa prender sem lutar. Judas se suicidará de desespero, sem dúvida porque amava Jesus e não acreditava que ele se entregasse à morte em vez de levar a libertação ao seu povo.

Jesus prega a oração e o contato com Deus como fonte de libertação. Ele quer reconectar o ser humano à sua fonte divina. Mas, na esteira de alguns profetas bíblicos, ele começa reeducando o olhar que seus discípulos dirigem a Deus, mostrando-lhes que sua onipotência está como que acorrentada por seu amor e por seu respeito absoluto pela liberdade de todas as suas criaturas. Por isso, os acontecimentos humanos não podem mais ser lidos como recompensas ou punições divinas. Deus cuida interiormente do homem com sua graça, mais do que protege o justo de qualquer provação ou pune o pecador por suas faltas enviando-lhe provações. Do mesmo modo, ele não intervém nos negócios do mundo.

Como ainda acreditar em Deus depois de Auschwitz?

Essa questão teológica é de grande atualidade. Quantos crentes, ou mesmo não crentes, se perguntaram como acreditar em Deus depois de Auschwitz? Não podemos mais acreditar na concepção de determinado Deus bíblico, que intervém continuamente nos negócios dos homens. Aliás, essa imagem já está desgastada na Bíblia hebraica em alguns textos, como o notável Livro de Jó, que propõe com agudeza a questão do mal e, notadamente, do mal que atinge o justo. Ela é definitivamente derrotada pela visão que Jesus oferece de Deus: um Deus que fala na profundeza do coração do homem, mas permanece silencioso no burburinho do mundo, um Deus que se apaga e se recusa a exercer seu poder para não obrigar os homens a acreditar nele.

Desde a Segunda Guerra Mundial existe uma corrente teológica judaica e cristã, nascida de vozes como as de Simone Weil, Etty Hillesum ou Dietrich Bonhoeffer, que tenta voltar à concepção de um Deus apagado, não poderoso, escondido e inefável que, ao longo dos séculos, os desvios da Igreja levaram a esquecer.

Vaticano II: a Igreja renuncia ao poder temporal

Felizmente, desde o Concílio Vaticano II (1962-1965), a Igreja finalmente se pronunciou a favor da laicidade e da liberdade de crença, deixando para trás 15 séculos de confusão dos poderes e de violação das consciências, especialmente por meio da prática da Inquisição. Se observarmos a história da Igreja, quantos combates aconteceram em nome do todo-poderoso Deus dos cristãos! Como explicar esse desvio em relação à mensagem dos

Evangelhos? O acontecimento decisivo foi a conversão do Império Romano ao cristianismo no decorrer do século IV. Em menos de um século, de Constantino, que em 313 interrompe as perseguições contra os cristãos, a Teodósio, que em 391 faz do cristianismo a religião de Estado do Império, os cristãos passam de uma pequena minoria heroica e na maior parte do tempo perseguida, a uma maioria que pode e quer impor sua religião a todos. A consequência é um sério desvio da fé cristã. Os poderes espirituais e temporais são confundidos, a noção de um Deus todo-poderoso, protetor de uma Igreja triunfante, é introduzida. E o mesmo acontece em teologia, na qual a concepção de um Deus que protege seus fiéis e pune os pecadores vai se desenvolver até chegar, nos tempos modernos, à concepção que nossos pais ainda vivenciaram: a do "Deus bom", que dá boas notas às crianças bem-comportadas, e a do "Pai malvado", que pune aqueles que desobedecem aos pais ou às leis da Igreja. Tudo isso é a antípoda da mensagem dos evangelhos. E quando às vezes ouvimos alguns clérigos dizerem, por exemplo, que a Aids é um castigo divino, trata-se de uma heresia em relação à mensagem de Jesus e da face de Deus que ele pretende revelar.

Quem é Jesus?

Vimos que os evangelhos são narrativas de crentes que exprimem a fé dos primeiros discípulos do Cristo. Sobre essa questão crucial, a identidade de Jesus, eles não dizem a mesma coisa, porque foram escritos em períodos e em contextos diferentes. Quanto mais os evangelhos são próximos dos acontecimentos, mais eles insistem no caráter humano de Jesus. Quanto mais tarde foram escritos, mais eles apontam para seu caráter divino, o que mostra que a fé em Jesus como encarnação de Deus é um processo que se deu no espaço de alguns decênios. Os três evangelhos mais próximos da morte de Jesus, os de Marcos, Mateus e Lucas — chamados evangelhos sinóticos porque seguem a mesma trama narrativa e podem ser dispostos em sinopses, quer dizer, em colunas paralelas —, foram redigidos entre 50 e 80. Eles mostram que Jesus é o Messias, o Filho de Deus. Jesus é um homem, mesmo que seu nascimento seja apresentado como milagroso por Mateus e Lucas, já que sua mãe, Maria, é uma virgem fecundada pelo Espírito Santo. Por outro lado, o acontecimento da Ressurreição, atestado pelos quatro evangelistas, supostamente revela o caráter excepcional da identidade de Jesus, "o primeiro nascido dentre os mortos" e sua condição de salvador do mundo. Ele é, portanto, um ser humano que mantém uma relação única com Deus e cuja vida, do nascimento à morte, é constelada por intervenções divinas excepcionais, que dão testemunho de que Jesus é mesmo o Cristo, o eleito que Deus escolheu para se revelar plenamente e salvar a humanidade, trazendo-lhe vida eterna. Quando fala de si mesmo, Jesus se apresenta como o "filho do Homem", título messiânico tirado do livro de Daniel. Mas ele nunca se identifica como Deus. Ao contrário, ele mostra sempre o afastamento, a hierarquia entre ele e Deus, que ele chama de Pai (*Abba*). O quarto evangelho, atribuído a João, é mais tardio; ele data do fim do primeiro século. Sua narração é muito diferente e se inicia com um prólogo suntuoso que afirma de saída a divindade de Jesus, que seria a encarnação da palavra divina (o *logos*). Nesse evangelho, Jesus faz afirmações que confirmam sua divindade: "Eu e o Pai somos um" (João 10, 30), ou ainda: "antes que Abraão existisse, EU SOU" (João 8, 58). É interessante notar que o evangelho de João foi escrito em Éfeso, onde o filósofo Heráclito inventou o conceito de logos, a razão divina que governa o mundo, comum a todos os homens. Contrariamente aos outros três evangelhos, João escreve depois de consumada a ruptura definitiva entre judeus e cristãos. Ele pode se referir à divindade de Jesus, que, para um público judeu seria inaudível. Ele redige diretamente em grego para homens da cultura helênica, e afirma claramente que Jesus é a encarnação do logos divino, o que equivale a divinizá-lo. Antes dele, Paulo já tinha usado algumas expressões que tendiam a essa ideia, sem jamais formulá-la tão nitidamente: "Ele é a imagem do Deus invisível, o Primogênito de toda criatura" (Colossenses 1, 15). Da ideia de que Jesus é "semelhante a Deus" (Paulo), ou então "filho de Deus" (os três evangelhos sinóticos), passamos à ideia de que ele é Deus feito homem.

Teologia do Homem-Deus

Mas então como Jesus pode ser ao mesmo tempo homem e Deus? E como Deus pode permanecer o Deus único do judaísmo se é composto de várias pessoas? Os cristãos vão tentar resolver esses paradoxos durante o segundo e terceiro séculos, no decorrer dos quais as controvérsias teológicas sobre a identidade de Jesus se multiplicam. Para alguns, ele é apenas um homem adotado por Deus no início de sua pregação, o que o diviniza (adocionismo). Para outros, ao contrário, ele é apenas Deus, que assumiu a aparência de um ser humano (docetismo). Mas a maioria dos bispos tende a encontrar uma definição que preserva ao mesmo tempo o caráter humano de Jesus e seu caráter divino. Nasce, assim, de maneira progressiva, a teoria trinitária: existem três pessoas divinas: o Pai, o Filho e o Espírito Santo. O Filho vai se encarnar em Jesus. Este tem, portanto, uma dupla natureza, humana e divina. Ele é ao mesmo tempo plenamente homem e plenamente Deus. Essa concepção se torna progressivamente a da maioria dos cristãos e se impõe como dogma no Concílio de Niceia, convocado pelo imperador Constantino, em 325.

Constantino convocou o Concílio porque não suportava mais as incessantes querelas dos cristãos a respeito desse problema, sobretudo em torno da teoria muito popular de um simples padre de Alexandria, Arius, que minimizava o caráter divino de Jesus, fazendo dele um deus subalterno, inferior ao pai. Como desejava se apoiar nos cristãos para assentar a coesão moral de seu império, ele precisava uni-los. Constantino os deixou livres para chegarem a uma definição, mas exigiu que o conseguissem! A maioria condenou a tese ariana e aprimorou a definição trinitária. Constantino acatou a decisão conciliar, exilou Arius e seus últimos partidários e impôs no império o credo oriundo do Concílio. Mesmo que o imperador não tenha intervindo diretamente nos debates, ele exerceu um papel crucial no nascimento do dogma cristão, impondo uma ortodoxia, inclusive por meio de repressão física. Essa aliança entre a religião e o poder político vai favorecer de modo incrível o desenvolvimento do cristianismo, e pervertê-lo profundamente. O cristianismo vai passar de religião perseguida a religião perseguidora: contra os judeus, contra os pagãos do império, contra os hereges, contra os infiéis das outras religiões etc. Os preceitos de laicidade e de não violência de seu fundador continuarão a ser ensinados, mas serão cada vez menos aplicados por uma instituição mais preocupada com o seu desenvolvimento e seu poder.

A Trindade Santa

A ideia de um Deus uno e trino nasceu da preocupação de resolver vários paradoxos do Novo Testamento. Jesus ali aparece como um homem, mas, como vimos, Paulo e, principalmente, João parecem afirmar também seu caráter divino. Por outro lado Jesus fala de Deus como de seu Pai e evoca a figura do Espírito Santo que ele enviará aos discípulos depois de sua partida. A teologia trinitária tenta combinar todos os parâmetros. Ela tem o inconveniente de tornar complexa a poderosa ideia de unicidade divina. Contudo, ela também tem o poder de dizer que o amor é intrínseco à essência divina por meio da relação entre as diferentes pessoas divinas. De todo modo, o credo trinitário com o qual concordam quase todas as confissões cristãs — católicas, protestantes, ortodoxas — se tornou um dos fundamentos do edifício da fé cristã.

5

A experiência pessoal do divino

No século V antes de nossa era, o mundo conheceu um período de incrível intensidade espiritual durante o qual a religiosidade se move na direção de uma maior individualização e interiorização. Foi o que o filósofo Karl Jaspers chamou, em sua obra *Origem e sentido da história* (1950), de "o período axial da humanidade". De que se trata?

A virada axial da humanidade

Jaspers aponta brevemente para um fato espantoso. Por volta da metade do primeiro milênio antes de nossa era, uma profunda revolução do sentimento religioso atinge todas as civilizações conhecidas. Aproximadamente no mesmo momento, surgem, em todas as áreas de civilização, personagens que terão como ponto em comum renovar por completo o pensamento religioso da humanidade, mais ou menos segundo as mesmas orientações: Lao Tsé e Confúcio, na China; Mahavira (o fundador do jainismo) e o Buda, na Índia; Pitágoras e os grandes filósofos pré-socráticos na Grécia; Zoroastro, na Pérsia; os grandes profetas em Israel.

Eles respondem à necessidade de sentido dos indivíduos. Enquanto o mundo antigo era até então dominado pelo peso do coletivo, emerge nesse período a ideia do indivíduo, de suas necessidades, de seus direitos e de suas aspirações espirituais. Cada vez mais o indivíduo faz perguntas sobre si mesmo. Ele se interessa pela questão do sentido da vida: Por que estou na terra? Como viver bem? Como ser feliz? Com o desenvolvimento das cidades e do conforto material, a questão da felicidade individual se apresenta. Assim que os homens obtêm um mínimo de subsistência e de segurança, eles começam a se fazer outras perguntas, e o indivíduo emerge do grupo.

A busca da felicidade e da salvação pessoal

Junto com a emergência da consciência individual e da preocupação consigo mesmo, desenvolvem-se a busca da felicidade na terra e no além e a questão do devir da alma depois da morte. É o que se constata muito bem no Egito, onde a prática do embalsamamento, até então reservada ao faraó, em seguida aos principais membros de seu palácio, democratiza-se ao longo do primeiro milênio antes de nossa era. Todos os que têm recursos materiais se preocupam com a vida póstuma. Do mesmo modo, a prática da astrologia e das artes divinatórias, até então reservada ao soberano, se difunde e democratiza em toda a bacia mediterrânea, bem como na Índia e na China, acabando por atingir, na aurora de nossa era, todas as camadas da população. Todos se interessam por seu destino pessoal. O mesmo fenômeno atinge a religião. As pessoas não se satisfazem mais com grandes rituais coletivos, como vimos nos primeiros capítulos deste livro, nos quais o grande sacerdote intercede pelo povo junto aos deuses. Todos aspiram agora a viver uma experiência pessoal do divino. É assim que, na Grécia, se desenvolvem os cultos de mistérios, experiências iniciáticas nas quais o iniciado tem acesso a um encontro pessoal e emocional com a divindade. E há ainda a filosofia — "amor da sabedoria" —, que se preocupa não apenas em conhecer racionalmente o mundo, mas também especialmente em saber como cada um pode levar uma vida boa, feliz e virtuosa. Aliás, acontecia também de os filósofos serem adeptos dos cultos de mistérios. É o caso de Platão, Cícero ou o imperador Adriano em relação aos mistérios de Elêusis, culto iniciático que se assemelha ao transe xamanista. As pessoas não querem mais "fazer o sagrado" (sacrifício), querem experimentá-lo.

O mesmo acontece na Índia, onde a antiga religião védica e os sacrifícios dos brâmanes, sacerdotes da casta superior, tinham sido questionados pelos ascetas errantes que buscam a salvação. É assim que nasce a busca de Buda, que se interroga sobre o meio de obter a felicidade verdadeira e duradoura. Ele desestabiliza o sistema de castas ao afirmar que todo ser humano, qualquer que seja sua condição social, pode alcançar a libertação pela prática espiritual apropriada. Por sua experiência pessoal, ele alcança o "Despertar", quer dizer, um estado de libertação total e de pleno conhecimento da verdade. Ele não está mais acorrentado pelos laços da ignorância e do apego e pode escapar do círculo das reencarnações. A mesma preocupação existe na China, onde nascem o taoismo e o confucionismo que, embora sem questionar a submissão do indivíduo ao grupo, insistem na felicidade individual e contribuem para o desenvolvimento de uma moral e de uma sabedoria pessoais.

O zoroastrismo, ao qual nos referimos, é perfeitamente emblemático do desenvolvimento de uma religião ética e de uma relação pessoal e amorosa com Deus. "Ó Mazda, sou consciente de minhas fraquezas, minha riqueza é ínfima e meus companheiros pouco numerosos. Então, dirijo-me a Ti: toma conta de mim, dá-me o amor que um amante, na irradiação da Justeza, oferece à sua bem-amada e enriquece-me com o Pensamento justo" — entoa Zoroastro (*Gathas,* Canto 11, 2). Encontramos o mesmo fenômeno no judaísmo, onde se desenvolve, para além da Torá, toda uma literatura de sabedoria (Jó, os Salmos, Qohelet ou Eclesiastes) que traduz um questionamento espiritual pessoal agudo e um desejo de reconciliação objetiva entre o homem e Deus. O mesmo acontece com os profetas tardios que apresentam a face de um Deus mais amoroso, compassivo, próximo do coração de seus fiéis.

Aproximação do divino e do humano

Assistimos, simultaneamente, portanto, a uma individualização do sentimento religioso e a uma dimensão afetiva mais presente: Deus, ou os deuses, estão mais próximos dos homens, e o amor, finalmente, assume o lugar da lei. O desejo de experimentação do divino é acompanhado de uma aproximação entre o humano e o divino. Isso se comprova muito nitidamente no judaísmo, religião na qual a noção de um Deus misericordioso e próximo do coração dos fiéis se desenvolve fortemente nos textos mais tardios, até chegar à mensagem de Jesus: a necessária superação da lei pelo amor. É nessa época que a noção de "bondade divina" se universaliza, porque os homens e as mulheres que vivem essa experiência iniciática afirmam sentir a bondade de Deus, ou dos deuses, no mais profundo do ser. Deus fala ao coração de todos os fiéis e todos podem encontrá-lo no próprio coração. Deus não está mais simplesmente no céu, ele está em "mim". Ele pode ser transcendente, ele não precisa de "mim" para existir, ao mesmo tempo que é em "mim" que o encontro. É o que chamamos de imanência divina.

Imanência divina e panteísmo

Deus tem, portanto, duas dimensões: a transcendência e a imanência. A dimensão transcendente exprime sua radical alteridade. Ele é o "Inteiramente Outro", aquele sobre o qual eu nada posso dizer, radicalmente diferente de "mim", e que existia antes que eu existisse, já que ele me criou. A dimensão imanente infere que Deus ou o divino está presente dentro de "mim", dentro de meu coração, mas também no interior do mundo. Essa concepção da imanência divina vai, por vezes, levar ao que chamamos de panteísmo: Deus se confunde com o mundo. O panteísmo suprime a transcendência e exprime a imanência radical. Deus não existe fora do mundo e ele não o criou. Deus está em toda parte. Nas plantas, nas árvores, em nós... É um divino impessoal que se confunde com a natureza. As religiões monoteístas rejeitam essa concepção de um divino totalmente imanente e tentam manter o equilíbrio entre transcendência e imanência. Deus é o "Totalmente Outro" que adoramos, veneramos e tememos. Ao mesmo tempo, porém, ele está presente em todas as coisas e se encontra em nosso coração.

A alma

Todas as religiões consideram que, no homem, existe uma parte imaterial a que chamamos alma, espírito, *noûs*, *pneuma*, o sopro, *ba* etc. Qualquer que seja o nome dado a esse princípio imaterial, ele indica que não existe apenas o corpo visível, sensível. No ser humano, existe também uma parte invisível, imaterial, que podemos perceber pela experiência interior da beleza, do amor, da alegria e, para muitas religiões, esse princípio imaterial é de origem divina. É a parte divina presente em nós. A maioria dos filósofos gregos estava convencida de que essa parte divina era a mais importante de nosso ser e que, para sermos felizes, era ela que deveria ser, antes de tudo, cultivada. Sócrates, por exemplo, antes de morrer, explica aos seus discípulos que ele procurou durante toda a sua vida cultivar a alma para torná-la nobre, e que ele espera que, depois da morte, ela se encontre na companhia dos deuses. Logo, a alma vem de Deus ou do divino, e a ele retorna após a morte. E essa teoria, que se desenvolve por toda parte a partir do século VI antes de nossa era, está sempre na base mesma das religiões.

A palavra "alma" tem, em nossos dias, uma pluralidade de significados. Quando dizemos que alguém não tem alma, é porque sentimos que lhe falta interioridade, profundidade e até mesmo amor. Tudo isso é, ao contrário, tangível quando dizemos que alguém tem uma "bela alma". Quando Bergson diz: "Falta na humanidade um suplemento de alma", quer dizer, um suplemento de consciência, de interioridade, de profundidade, de compaixão. As tradições religiosas vão mais longe e associam essa interioridade ao divino, ou seja, a uma força ou a um ser que nos engloba ou suplanta. Agora, conforme elas se situam numa perspectiva transcendente ou imanente, as espiritualidades falam da alma como de uma realidade criada por Deus ou como parte de um Todo. Nos dois casos, a alma vai ao encontro de sua fonte depois da morte do corpo físico: para os monoteístas, ela se une a Deus; para as correntes de sabedorias mais imanentes, ela se funde no Todo.

Desenvolvimento da espiritualidade

Com o período axial podemos falar verdadeiramente de espiritualidade. Como vimos, a religião *liga*. Ela reúne os seres humanos através de uma crença coletiva num invisível que os ultrapassa. Por isso, Régis Debray utiliza muito adequadamente o termo "comunhões humanas" para falar de religiões. Inicialmente, porém, eu diria que a espiritualidade, a busca pessoal do espírito, *desliga*. Ela liberta o indivíduo de tudo o que o prende e o aprisiona em visões errôneas: ignorância, a priori, preconceitos etc., mas ela também o liberta do grupo. Ela o liberta do peso da tradição, do coletivo, para levá-lo a si mesmo, à sua verdade interior. Em seguida, se a espiritualidade começa desligando o indivíduo, ela tem como fim último ligá-lo de maneira justa aos outros. Dito de outra forma, a espiritualidade desliga para melhor ligar; ela liberta o indivíduo para ensiná-lo a amar. Uma espiritualidade que deságua na indiferença ou no desprezo pelos outros não tem nada de autêntico. É uma neurose que oferece o espiritual como álibi.

Todas essas correntes de sabedoria e espiritualidade que nascem durante o primeiro milênio de nossa era têm como objetivo permitir que o indivíduo seja de maneira plena, desenvolvendo a parte divina ou transcendente que o habita. De fato, o indivíduo se emancipa em grande parte dos rituais e das crenças coletivas para ter acesso direto ao divino ou ao Absoluto. Pelo viés da razão, da experiência interior, da oração, da meditação, ele procura a verdade. Essa busca interior e pessoal frequentemente o deixa numa situação ambígua em relação às tradições religiosas que privilegiam o interesse do grupo, do povo, da tribo, da cidade. Assim é que Buda atrai o ódio dos brâmanes cujos ritos sacrificiais inúteis ele denuncia.

Sócrates é condenado à morte por impiedade, e Jesus, por ter ameaçado o poder sacerdotal. E seus acusadores não se enganaram: esses três personagens contribuíram enormemente para emancipar o indivíduo da religião dominante. Inicialmente, colocando-o numa relação direta com Deus, o Absoluto, ou o princípio divino. Pela oração (Jesus), a filosofia (Sócrates) ou a meditação (Buda), o homem pode operar sua salvação sem passar pelos ritos sacrificiais pregados pela tradição. Em seguida, o ensinamento deles rompe com o caráter aristocrático das sociedades tradicionais. Para eles, não há diferença fundamental entre os seres humanos. Todos: ricos ou pobres, escravos ou homens livres, homens ou mulheres podem ascender à libertação ou à salvação. Não há mais hierarquia, casta, povo eleito. Todos os seres humanos são iguais porque todos possuem uma alma imortal que lhes permite desenvolver uma vida espiritual que os torna livres. A partir daí, a nobreza da alma importa mais do que a nobreza de nascimento. A espiritualidade é radicalmente democrática. Consequentemente, ela enfraquece qualquer instituição religiosa que afirma que a salvação passa pela lei ou pelos rituais coletivos impostos por uma casta privilegiada: a dos sacerdotes. Mesmo que frequentemente nasçam e se desenvolvam no seio de tradições religiosas, as correntes espirituais introduzem uma forte contestação de tais tradições, chegando por vezes até mesmo a produzir cismas, como o budismo em relação ao hinduísmo, o cristianismo em relação ao judaísmo ou, no seio mesmo do cristianismo, o protestantismo em relação ao catolicismo. Porque o cristianismo logo se desviou de sua contestação inicial do legalismo religioso para recriar um legalismo e um clericalismo tão pesados quanto o que foi denunciado por Jesus. Assim, há uma série de reformas sucessivas, dentre as quais a de Lutero, no século XVI, que pretende se emancipar do poder dos clérigos e do papado para voltar aos principais fundamentos do evangelho: a pobreza, a relação direta com Deus, a igualdade entre todos. Muito antes de Lutero, porém, as ordens religiosas e as correntes místicas permitiram que numerosos cristãos se emancipassem, pela interioridade, do pesado fardo da instituição.

As correntes espirituais que professavam uma ortodoxia doutrinal, criticando simultaneamente o poder ou a corrupção dos clérigos, foram de certo modo assimiladas pela instituição e muitas vezes contribuíram para a reforma interna. Foi o caso das ordens monásticas. É o que vemos com Bernardo e os cistercienses, ou Francisco de Assis e os franciscanos. Mas aqueles que se desviaram do dogma foram erradicados pela Inquisição. É o caso dos cátaros e de numerosos movimentos místicos, como o das beguinas, mulheres adeptas do "livre espírito". Lutero também questionará aspectos do dogma, mas, na sua época, a Igreja não tinha mais os meios para lutar contra as correntes contestatárias. Ele foi protegido por um príncipe alemão convencido de suas ideias, que se recusou a entregá-lo ao papa. A Reforma protestante rapidamente conquistou numerosos príncipes e reis, por demais felizes em, desse modo, se libertarem do domínio de Roma. O Renascimento, com a descoberta do humanismo grego, teve um impacto decisivo sobre a religião cristã, redirecionando-a para suas origens que são muito próximas do ideal democrático e da autonomia do sujeito, da libertação do indivíduo em relação ao grupo.

Mestres espirituais

Voltemos à espiritualidade, que eu defini como uma experiência pessoal do divino. Isso significa que não há mais necessidade de Igrejas, de clérigos, de sacerdotes, de rabinos, de bonzos ou de imames para o desenvolvimento de uma busca espiritual? O caráter individual da busca não suprime absolutamente a necessidade de guias, estejam eles mortos ou vivos. Mas a figura do guia, quer dizer, daquele que percorreu todo, ou em parte, o caminho antes de nós, substitui, na maioria das vezes, a da instituição que simplesmente lhe diz em que acreditar ou não acreditar, fazer ou não fazer. Ora, a maioria dos guias se encontra no seio mesmo das religiões. São religiosos que possuem uma vida interior profunda e sabem transmitir as modalidades da experiência espiritual. Eles vão ensinar ao discípulo como orar, meditar, escapar das armadilhas ou das ilusões da vida espiritual. Antigamente, todos os guias espirituais faziam parte de uma tradição religiosa: monges, lamas, sacerdotes, cabalistas, sufistas etc. Nos dias de hoje, existem cada vez mais mestres espirituais à margem das tradições ou no cruzamento de várias tradições (como monges católicos que praticam meditação zen). Existem também mais e mais iluminados e charlatães que utilizam a espiritualidade para exercer poder sobre outrem. A escolha de um guia exige, então, um grande discernimento.

Como discernir o verdadeiro mestre de um "guru"?

Não gosto muito do modo como a palavra guru é utilizada no Ocidente, porque na Índia essa palavra, que significa "amigo espiritual", não é absolutamente pejorativa. Ela assumiu a conotação de "charlatão" por causa de alguns gurus indianos cujo movimento descambou para graves tendências sectárias durante os anos 1970. No fundo, é muito simples distinguir um verdadeiro mestre de um escroque. O verdadeiro mestre não faz de grandes quantias em dinheiro a condição indispensável para a continuidade de seus ensinamentos, nem procura criar dependência entre ele e os discípulos. Ao contrário, ele tem como objetivo torná-los autônomos, já que, repito, é o objetivo da espiritualidade. Inversamente, o charlatão procura criar uma dependência. O laço sectário torna o discípulo totalmente dependente do grupo ou de seu líder. E muito frequentemente ele também fica preso numa engrenagem financeira.

Insisto em explicar que o fato de pertencer a uma grande religião não livra ninguém do desvio sectário. Eu conheço, por exemplo, lamas tibetanos e padres católicos muito carismáticos que são verdadeiros perversos, que manipulam os discípulos para dominá-los, como faria qualquer escroque de um grupo sectário. Aliás, existem casos recentes muito conhecidos, entre eles o do fundador do movimento Legionários de Cristo, muito próximo de João Paulo II. Bento XVI acaba de reconhecer seu caráter totalmente perverso depois de incontáveis queixas de antigos adeptos, notadamente por pedofilia. Ao contrário, existem guias espirituais fora das grandes religiões que são sinceros e desinteressados. Penso, por exemplo, em Krishnamurti. Logo, não se pode dizer: "Ele não é ligado a uma instituição religiosa estabelecida: é um charlatão!" Ou, inversamente: "Ele é membro de uma instituição: é garantia de autenticidade." Mas sempre se deve discernir caso a caso, a partir destes critérios: probidade moral, desinteresse material e desejo de tornar os discípulos autônomos.

Para os que se engajam num caminho espiritual, é uma sorte encontrar um guia autêntico, embora eles sejam, afinal, muito raros. Mas é verdade que os escritos e o exemplo das grandes testemunhas e dos sábios do passado, quando têm um caráter universal, podem ajudar todo ser humano a viver em qualquer época. Os ensinamentos de Buda, Confúcio, Sócrates, Epicteto ou de Jesus, por exemplo, não envelheceram nem um pouco e sempre respondem com pertinência às mesmas perguntas: o que é uma vida bem-sucedida? Como amar? O que é a verdadeira felicidade? Como ser verdadeiramente livre?

Crenças *post-mortem*: os egípcios

Com a individualização, durante o primeiro milênio antes de nossa era, vimos se desenvolver também um sentido mais agudo do além. O homem parece se preocupar mais não apenas com sua felicidade na terra, mas também com sua felicidade depois da morte. Os egípcios foram os primeiros a produzir uma teologia da vida após a morte, a detalhar e balizar o caminho para a outra margem, para o outro mundo, aquele que é habitado pelos deuses, em outras palavras, a dar aos fiéis as chaves de acesso a esse mundo. A primeira chave é a da mumificação do corpo: eles pensavam que a alma não podia sobreviver à dissolução de seu invólucro carnal. As técnicas de embalsamamento, incialmente rudimentares, foram aperfeiçoadas pela primeira dinastia faraônica, 3.100 anos antes de nossa era, e se tornaram cada vez mais complexas, até se democratizarem durante o primeiro milênio antes de nossa era. A segunda chave, que encontramos com frequência nas tradições posteriores, é um planejamento escrupulosamente estabelecido, um guia de viagem com as diferentes etapas do percurso em que a alma vai ser levada a seguir: os obstáculos contra os quais ela vai se chocar e os meios para triunfar sobre eles; os seres sobrenaturais que ela vai encontrar; as armadilhas preparadas pelas divindades cruéis; as perguntas que lhe vão ser feitas e o modo de responder a elas, mil pequenos conselhos judiciosos para evitar as ciladas! Um exemplar desse guia de viagem, dividido em 165 capítulos, era depositado na tumba, ao lado do morto, de modo que ele pudesse consultá-lo, caso se perdesse durante a viagem. É o célebre *Livro egípcio dos mortos*. A terceira chave é conquistada durante a vida terrena. Trata-se do conjunto das boas ações que cada um é chamado a realizar, de modo a vencer a prova da "pesagem da alma" pelo deus Anúbis. A alma deve ser mais leve que uma pluma para ascender ao mundo dos deuses, contemplar Rá, o deus supremo, e viver na felicidade. Os egípcios distinguiam o devir dos bons e dos maus: os primeiros eram destinados a uma espécie de paraíso; os segundos, à dissolução no nada depois de devorados por Ammit, a Devoradora, uma temível deusa. Os egípcios também introduziram a noção de ressurreição dos corpos, embora não utilizassem essa palavra. Na sua teologia, quando a alma alcançava o mundo dos deuses, esses lhe abriam os orifícios selados durante a mumificação para lhe permitir recomeçar a viver com aquele corpo, a comer, a vestir-se, a perfumar-se, em resumo, a gozar da vida eterna, calcada na vida terrestre, mas de modo melhor. O que, para eles, era impossível sem o corpo físico.

Mesopotâmia e judaísmo antigo: a "noite" dos mortos

Até a segunda metade do primeiro milênio antes de nossa era, as outras civilizações, ao menos as que nos deixaram traços escritos, não empregavam grande imaginação para descrever a vida após a morte. As civilizações do Oriente Médio e da zona mediterrânea postulavam uma sobrevivência eterna da alma, que elas consideravam como uma errância eterna em algum local sob a terra, num lugar temível e obscuro, no qual coabitavam os bons e os maus. Esse além excluía a ideia de justiça divina: os deuses não existiam para cuidar dos mortos, mas sim dos vivos e, de modo geral, do bom andamento do cosmos. Encontramos esse além entre os sumérios ou entre os acádios. Seu arquétipo é o Aralu dos babilônios, do qual temos uma descrição na *Epopeia de Gilgamesh*, texto escrito 25 séculos antes de nossa era e que conta a história de Gilgamesh, que desce ao que eu chamaria de inferno, para salvar o amigo Enkidu. Ele descreve detalhadamente essa "morada" cercada por sete muros intransponíveis, "cujos habitantes são privados de luz, na qual a poeira alimenta a fome, na qual o pão é feito de argila", os suplícios aos quais as almas são submetidas, sem escapatória possível. Ninguém tem vontade de ir a semelhante lugar, mas ninguém tem escolha: esse é o destino de todos os viventes. E se essas civilizações multiplicam os rituais religiosos *post mortem*, é especialmente para evitar o retorno dos mortos em forma de fantasmas ou de espectros, forçosamente motivados por más intenções, forçosamente ávidos por vingança.

Somente mais tarde o judaísmo se interessará pela vida após a morte. Os textos mais antigos citam o Xeol, espécie de imensa tumba situada nas profundezas da terra, mais ou menos comparável ao Aralu, com a diferença de que os mortos ali não padecem suplícios. Eles levam um tipo de semivida indefinível, sobre a qual, aliás, não há nada a dizer. Nos Salmos, o Xeol é chamado de "lugar de desamparo", "país do esquecimento" de que nem mesmo Deus "se lembra", a ponto de seus habitantes serem "separados de (Sua) mão" (Salmo 88, 6). Depois de sua cura, Ezequias, o rei da Judeia, assim se dirige a Deus: "Não é o Xeol que te louva, nem a morte que te glorifica, pois já não esperam em tua felicidade aqueles que descem à cova. Os vivos, só os vivos é que te louvam, como estou fazendo hoje" (Isaías 38, 18-19). Essa concepção ainda persiste no século IV antes de nossa era, quando começam a ser difundidas, na sociedade judaica, ideias que afirmam que Deus saberá reconhecer os fiéis e retribuir-lhes, de um modo ou de outro, após a morte.

O juízo final: zoroastrismo e cristianismo

Em oposição a outras religiões que existem naquela época, o zoroastrismo desenvolve uma visão do além, particularmente exagerada, fundada na teoria da salvação da alma e do juízo final. Por causa disso, ele divide o além em dois: um inferno e um paraíso, e inclui em sua teologia um elemento inédito: a possibilidade de purificação *post mortem*, o que o cristianismo chamará mais tarde de purgatório. Os textos zoroastrianos mais antigos descrevem com riqueza de detalhes as etapas do julgamento individual das almas. Eles explicam que durante os três dias que se seguem ao falecimento a alma se lembra de todas as suas ações passadas, boas e más, e comparece, então, diante de três juízes, Mihr, Rashu e Srosh, que pesam todas essas ações numa balança de ouro e fazem a alma atravessar uma ponte que se estreita aos poucos. As almas mais pesadas não podem avançar, elas tropeçam e caem numa ravina cujo fedor e escuridão diminuem à medida que avançam. No meio do caminho se encontra uma zona neutra, a "casa dos pesos iguais", e, em seguida, abre-se uma sucessão de zonas mais ou menos agradáveis. As almas mais realizadas, as que cruzam a ponte sem cair, ascendem ao reino de Ahura Mazda, o Deus único, e vivem na luz eterna. Quanto às outras, elas se purificam com o tempo para se preparar para o Juízo Final: no fim dos tempos, Deus ressuscitará todos os seres humanos para julgá-los. Essa ideia totalmente inovadora do juízo final prefigura a que será desenvolvida pelo judaísmo, mais ainda pelo cristianismo, e, finalmente, retomada pelo Islã.

Os primeiros cristãos acreditavam na iminência do fim do mundo, quando Jesus voltaria para julgar os vivos e os mortos (a Parusia). Mas é somente a partir do século IV — quando a Igreja deixa de ser perseguida e as pessoas começam a dizer que o fim do mundo demora — que os cristãos se interessam mais pelas especulações sobre o devir das almas depois da morte. É então que eles mostram tesouros de imaginação nessa matéria! Teólogos, como Ambrósio ou Gregório de Nissa, se dedicam intensamente. No século VI, o papa Gregório, o Grande, estabelece até mesmo uma cartografia do além, com um paraíso dos justos situado no Céu, perto de Deus, um inferno subterrâneo e um lugar de purificação transitório que, no século XII será chamado de purgatório. Como o fim do mundo não é mais visto como iminente, procura-se compreender o que espera o defunto após a morte. Assim é que se desenvolve a ideia do julgamento particular. Em virtude de sua fé e de suas ações boas ou más, o defunto, logo depois de sua morte, vai para o paraíso (visão beatífica de Deus), para um inferno provisório ou para um lugar de purgação que um dia o levará ao paraíso. Mas permanece a ideia de que somente no final dos tempos, quando o Cristo vier julgar todos os seres humanos, acontecerá a ressurreição dos corpos e a partilha definitiva entre a Vida eterna bem-aventurada para uns e o inferno eterno para os outros.

O paraíso e o inferno nos monoteísmos

Nem a Bíblia nem os Evangelhos descrevem o paraíso. Há uma simples referência ao "Reino de Deus" no qual os justos vivem na felicidade eterna. Em compensação, o Alcorão dedica numerosos versículos ao suntuoso jardim, regado com torrentes de leite e mel, mobiliado com leitos face a face, nos quais repousam virgens de grandes olhos negros, e tapetes de brocado: um oásis luxuriante no qual, além de tudo, os crentes gozam da visão divina. Os três monoteísmos falam muito mais do inferno do que do paraíso, descrevendo com muitos detalhes os horrores que esperam os "malvados" depois da morte. A Bíblia não descreve o inferno, mas os comentários talmúdicos o dividem em sete níveis mais ou menos temíveis à medida que se aprofundam na terra. Os piores homens não têm nem mesmo o direito ao sétimo nível: suas almas são aniquiladas. Sobre essa questão, os Evangelhos são mais prolixos que a Bíblia: uma "fornalha ardente. Ali haverá choro e ranger de dentes" (Mateus 13, 42 e 50), um "fogo eterno preparado para o diabo e para os seus anjos" (25, 41). O apocalipse de João descreve os demônios, os danados submetidos à tortura "no lago de fogo e de enxofre" (20, 10). Consequentemente, é compreensível que a literatura cristã dedicada à descrição do inferno tenha sido tão abundante. Santo Agostinho garante a existência do inferno enquanto lugar físico dotado de um fogo purificador que arde sem se consumir. Ele confirma a existência de um inferno provisório (que recebe os danados assim que morrem) e a de um inferno definitivo, onde "os sofrimentos dos maus são mais dolorosos porque eles são atormentados no próprio corpo" (*In Iohannis tractatus*). O papa Gregório, o Grande, explica que os danados ali são atormentados por demônios, cada um deles especializado na sanção de um vício preciso! Quanto ao Alcorão, ele é prolífico em descrições infernais que nada têm a invejar das que encontramos na literatura cristã dos primeiros séculos. Há referência a caldeirões de óleo fervente, a clavas de ferro, a metal fundido, a fogo, é claro, e muito mais!

Apesar de tudo, para os três monoteísmos, o sofrimento mais cruel ainda é o afastamento de Deus. Para além desses castigos — suplícios em que a maioria dos fiéis no Ocidente não acredita mais —, o que constitui o verdadeiro castigo infernal é a privação do Bem supremo: Deus.

A ressurreição dos corpos

Inspirando-se na belíssima passagem do livro de Ezequiel em que Deus ressuscita os corpos e lhes dá novamente carne, a literatura escatológica judaica descreve o modo como no Julgamento Final as almas voltam ao pó a fim de se reconstituírem em corpos de carne; de modo geral, a opinião dominante considera que haverá reconstituição integral da pessoa, corpo e alma. Daí provêm as sérias dúvidas atuais do judaísmo rabínico quanto à doação de órgãos *post mortem*! A questão da ressurreição desencadeia discussões talmúdicas: quem ressuscitará? Todos? Apenas os justos? Quando eles ressuscitarão? Quando do surgimento do Messias? No dia do Julgamento Final? Todos os mortos ressuscitarão ou apenas os que foram enterrados em Israel? Os corpos se reconstituirão exatamente como eram ou serão dotados de novos corpos? Nus ou vestidos? Evidentemente, ninguém possui as respostas e a maioria dos rabinos mantém-se prudente, limitando-se ao conselho de Maimônides: nada podemos saber sobre como essa ressurreição acontecerá...

Todas as Igrejas cristãs, quaisquer que sejam suas divergências, fazem da ressurreição do Cristo, três dias após sua morte, um ato de fé. Lembro a emoção de Paulo diante dos coríntios, aparentemente descrentes: "Ora, se se prega que o Cristo ressuscitou dos mortos, como podem alguns dentre vós dizer que não há ressurreição dos mortos?" (1Cor 15, 12). Segundo o Evangelho, o conjunto das nações está implicado na ressurreição final: todos comparecerão diante do tribunal divino. Depois disso, cada um receberá de acordo com suas obras. Quanto a saber o que de nós ressuscitará, foram dadas duas respostas diferentes pelos escritos sagrados cristãos. Aos romanos, São Paulo afirma que o Cristo ressuscitará também os corpos (Rm 8, 11). Com os coríntios, ele é menos categórico: "o corpo [...] ressuscita corpo espiritual" (1Cor 15, 44). As Igrejas ortodoxas e protestantes preferem falar de "ressurreição dos mortos", enquanto a Igreja Católica prefere a expressão "ressurreição da carne". O artigo 1.059 do *Catecismo da Igreja Católica* realiza um enorme avanço que se refere a esse tema ao afirmar que no dia do Julgamento "todos os homens comparecerão com seu próprio corpo diante do tribunal de Cristo".

É exatamente o que é encontrado no Islã. Segundo o Alcorão, nesse dia, os mortos se erguerão de suas tumbas, seus corpos se revestirão de carne e eles se reunirão pela segunda vez diante de Deus para prestar contas de seus atos. Porque, para os muçulmanos, o morto é imediatamente submetido a um primeiro julgamento chamado de "julgamento da tumba", que indica o lugar determinado para cada um segundo as ações, boas ou más, que ele realizou aqui na terra. Uns conhecem as delícias do paraíso; outros, os tormentos do inferno até o dia do Juízo Final e da ressurreição final, quando todos comparecerão diante de Deus. Os danados conhecerão por toda a eternidade um inferno ainda mais terrível e os salvos, um paraíso ainda mais maravilhoso.

6

O absoluto impessoal das sabedorias orientais

Até este ponto evocamos principalmente as religiões nascidas no mesmo solo, o Oriente Médio, antes de se disseminarem pelo mundo. Mas a Ásia é um solo diferente, que ofereceu base de desenvolvimento para religiões muito diversas desses monoteísmos: o hinduísmo, o budismo, o jainismo, as tradições chinesas, entre outras. Nessas tradições, a reflexão sobre o divino ainda é uma noção muito impessoal, bastante afastada das preocupações teológicas monoteístas. Seria mais acertado designar esse divino como um Absoluto e não como Deus. Esse absoluto, que pode assumir diversas formas, não é um Deus criador, e seu papel não é nem recompensar, nem punir. Que sabemos sobre ele? Como defini-lo?

Da Índia védica aos *Upanixades*

Vou começar remontando no tempo. O vale do Indo foi colonizado no início do II milênio antes de nossa era pelo povo ariano originário das planícies do Cáucaso. Parte de suas crenças vai irrigar a ancestral de grande parte das tradições orientais: a religião védica. Esta nasceu na Índia, mil ou 1.500 anos antes de nossa era. Sabemos que essa religião era dotada de um panteão complexo, com deuses superiores, semideuses, gênios, toda uma população celeste que se devia venerar permanentemente: era a tarefa entregue aos sacerdotes. Essa casta privilegiada passava o tempo realizando rituais complicados e oferecendo sacrifícios. O hinduísmo nasceu como reação a essa religião, embora tenha incorporado seus textos sagrados, os *Vedas*, entre os quais um dos mais antigos, o *Rig-Veda*, faz a apologia dos diferentes deuses do cosmos que dão riqueza e vida a seus fiéis. No entanto, o hinduísmo também produziu seus próprios textos, notadamente os *Upanixades*, cuja origem remonta aproximadamente ao século VII antes de nossa era, sendo os mais tardios (existe uma centena) compostos por volta do século II antes de nossa era.

Tais textos são considerados por seus adeptos "revelados", do mesmo modo que a Bíblia e o Alcorão, mas não por um Deus pessoal e criador que teria falado aos profetas. Os hindus consideram esses textos meditações, ensinamentos de grandes sábios inspirados, transmitidos oralmente num primeiro momento, antes de serem escritos. O *Shvetashvatara Upanixade* é particularmente interessante para o que nos concerne. Ele introduz elementos que não se encontravam na religião védica, sobretudo a ideia de uma inteligência superior que não "gera" os humanos: sua tarefa se situa num nível inteiramente diferente, a da gestão do universo. Ela mantém a ordem cósmica e se aproxima do Princípio supremo, que surgia no mesmo momento na filosofia grega, o *Logos* de Heráclito, ou o *Noûs* de Anaxágoras: uma inteligência organizadora e diretora do mundo. Os mais antigos *Upanixades* são quase que inteiramente consagrados à definição do Absoluto, exercício difícil uma vez que ele não é nem um ser, nem uma pessoa, mas uma essência cósmica, um grande Tudo — o *brâman* — do qual em todo ser reside uma parcela: o *atmã* (de certo modo, a alma individual).

Os deuses da Índia

Existem, porém, milhares de deuses no hinduísmo. Mas esses deuses inumeráveis são apenas manifestações, por assim dizer, de um Absoluto indefinível. Porque justamente nada se pode dizer desse Absoluto, pode-se venerar uma multidão de divindades que são suas diversas expressões.

No panteão hindu, acima dessa multidão de deuses, existe uma tríade, a Trimurti, literalmente "a forma tripla", ou seja, as três principais formas do divino. Brahma está em seu topo. Porque ele mesmo é uma representação do brâman (o Absoluto impessoal), ele é um deus supremo que não é cultuado e não é objeto de devoções. Sua função é, porém, crucial nas tradições em que não se postula o início e o fim do mundo, mas uma sucessão de eras cósmicas, cada uma delas sendo substituída por outra. Todas as vezes que uma era acaba, que um novo universo se estabelece, Brahma faz com que os diversos elementos preexistentes (ele não os cria) se estruturem de modo coerente. Brahma é o assegurador da ordem. O segundo elemento dessa tríade é Vishnu, a manifestação da bondade divina, que mantém permanentemente a harmonia universal. O terceiro elemento é Shiva, que é muito mais ambivalente. Ele tem a temível função da destruição, o que é indispensável na visão cosmogônica hindu na qual um universo é destruído e outro é criado em seu lugar. Mas é também uma forma divina protetora para quem sabe conduzi-la até esse poder. A "Trimurti" nos faz evidentemente pensar na Trindade cristã. Como demonstrou o linguista e filósofo George Dumézil, a importância do número três na estruturação do divino e das sociedades provém dos arianos, ancestrais comuns dos povos indo-europeus. Mas Brahma, Vishnu e Shiva não são três pessoas divinas: são três manifestações de um divino impessoal, do qual nada se sabe.

Avatares

Rama e Krishna estão no centro das grandes epopeias hindus, como o *Mahabharata* ou *Bhagavad Gita,* o livro religioso mais popular na Índia. O que representam essas figuras divinas? São avatares (nome que inspirou o título do filme de James Cameron) de Vishnu e de Shiva, representações ou "descendentes" do príncipe divino, que são objeto de devoções. A multidão de avatares divinos está no centro da religião hindu. De fato, os dois grandes ramos do hinduísmo contemporâneo, o shivaísmo e o vishnuísmo, são dois modos muito diferentes de viver a mesma base de crenças.

O shivaísmo, também conhecido pelo nome de Advaíta, literalmente "não dois", divide-se em numerosas escolas. Elas têm como tronco comum a doutrina da não dualidade, a não diferenciação entre o indivíduo e o todo, o brâman e o atmã, e é a essa fusão que os fiéis aspiram. Encontramos os ascetas nas fileiras dos shivaístas. Uma das principais figuras dessa via espiritual é Shankara, um grande sábio do século VIII que teorizou o conceito da não dualidade. No século XX, seu principal representante foi Ramana Maharshi.

Se eu fosse resumir o vishnuísmo em duas palavras, elas seriam "amor" e "devoção". Os adeptos de Vishnu e de seus numerosos avatares (dos quais Krishna é o mais popular) representam entre 75% e 80% dos hindus. Eles são os campeões da *bhakti*, literalmente, "devoção", embora também se encontrem shivaístas que se dedicam a ela. A *bhakti* é a religião popular por excelência. Ela tem como objeto tanto Vishnu, Shiva e seus avatares, quanto um dos inúmeros deuses dessa Índia chamada "a mandala dos 33 milhões de deuses", dos quais o mais popular é Ganesh, o deus com cabeça de elefante.

Nem todos os fiéis rezam para a mesma figura. Cada um deles se apropria do deus ou da deusa que lhe convém, por tradição familiar, por escolha pessoal, porque seu templo fica próximo, porque é a divindade específica de sua aldeia ou de sua casta, e efetivamente tece com ele (ou ela) um laço tão íntimo e pessoal com Deus, quanto o judeu, o cristão e o muçulmano. Ele se dirige à estátua ou à sua imagem, que ele expõe em sua casa; ele lhe faz oferendas de flor, leite, incenso, frutos; ele a louva, lhe dá graças, lhe transmite seus pedidos e agradece quando eles são atendidos. É uma religiosidade popular, profunda, muito propagada entre bilhões de hindus. Ela se manifesta por peregrinações gigantescas e constantes (os hindus são os maiores peregrinos do mundo) realizadas tanto mais fervorosamente quanto a crença popular espera que elas acumulem méritos com vistas a um melhor renascimento.

Ioga e gurus

A ioga, praticada na Índia há milênios, virou moda no Ocidente há alguns decênios. Na Índia, não se trata de uma espécie de ginástica suave para citadinos estressados, mas de uma prática espiritual e filosófica que se liga ao shivaísmo embora, de fato, seja aproveitada por todos os hindus. Ela é uma das numerosas técnicas de ascese descritas nos *Upanixades*. A palavra ioga vem da raiz *yuj*, que significa "atrelar junto" ou "unir". Um texto, o *Yoga Sutra*, composto de 195 aforismos e elaborado por volta do século II antes de nossa era, enuncia os preceitos dessa disciplina que associa o controle da respiração, das técnicas corporais, das meditações e também das obrigações morais e religiosas — como a não violência, a recusa à mentira e ao roubo —, da continência sexual, da pureza, do ardor ascético. De fato, não existe uma, mas muitas iogas, cada uma propondo seus *yama*, seus métodos para levar à paz do espírito, desconectá-lo de todas as perturbações e uni-lo ao corpo de modo harmonioso. Na origem, a ioga era praticada apenas pelos ascetas. Ainda hoje, o fim último do iogue é se tornar um "libertado vivo", um *sadhu*, que alcança a libertação aqui na terra. Tendo rompido com todos os apegos materiais, tendo vencido seus próprios desejos, os *sadhus* alcançam o Conhecimento supremo. Eles são transpassados pelo divino, eles se fundem nele, eles formam um todo com o brâman, o Absoluto. Na Índia, atualmente, os *sadhus* — nem todos atingiram esse ideal, mas se consagram inteiramente a ele — constituiriam 4 ou 5 milhões.

Não existe nem instituição, nem ortodoxia no hinduísmo, mas sim um fundamento conceitual comum no qual prosperam múltiplas práticas. Em compensação, em todos os caminhos a respeito dos quais eu falei, existe um personagem central, o pivô da prática religiosa: o guru, o mestre, o professor junto ao qual o fiel aprende a realizar sua marcha. Não existe iogue sem guru; não existem ensinamentos sem guru. Esse mestre transmite o saber que ele mesmo conquistou junto a mestres, porém, muito mais que isso, ele transmite sua experiência. Até nas aldeias mais afastadas da Índia, sempre se encontrará um guru cercado de discípulos mais ou menos numerosos de acordo com a fama que ele conquistou. Os discípulos são plenamente submissos ao mestre, o que pode chocar a mentalidade ocidental, mas, na concepção hindu, colabora para a *moshka*, a libertação.

A reencarnação no hinduísmo e no budismo

Os hindus acreditam na transmigração das almas, o que, no Ocidente, chamamos de reencarnação. O atmã, a alma individual, se reencarna em corpos sucessivos dependendo do carma acumulado. O carma individual é fruto de uma lei universal de causalidade (o Karman): toda ação provoca um efeito. Conforme esses atos sejam mais ou menos positivos ou negativos, depois da morte nós nos reencarnamos em boas ou em más condições. O fim último é não mais se reencarnar já que quanto mais nosso carma é positivo, mais estaremos aptos a ter consciência de que o sentimento de individualidade é uma ilusão. Perceberemos que o atmã equivale ao brâman, que nossa alma individual é apenas parte de um Todo, e egoísmo algum (e todas as suas consequências: o desejo, o medo, a violência etc.) terá poder sobre nós. Abandonaremos o ego. É isso o que os hindus chamam de libertação. Então deixaremos o samsara, a ronda incessante dos renascimentos para, de algum modo, nos fundir no Todo cósmico e divino.

Isso se parece muito com o budismo: é preciso sair do samsara para atingir o nirvana, que também é concebido como uma espécie de libertação. Qual é a diferença entre o hinduísmo e o budismo? A proximidade entre as duas tradições — em todo caso, no que diz respeito à base teológica — não é de surpreender: não nos esqueçamos de que Buda nasceu na Índia, no século VI, antes de nossa era, em plena difusão dos *Upanixades*, e que ele iniciou sua busca espiritual junto aos *sadhus*, ascetas das florestas, mesmo que, posteriormente, tenha se desviado deles. A originalidade do budismo se deve em parte ao diagnóstico que ele faz sobre a causa de nosso aprisionamento no samsara e sobre a terapia existencial que ele propõe para nossa libertação e conquista do nirvana. A mensagem de Buda se resume, então, de modo muito esquemático, ao que chamamos de quatro Nobres Verdades: a vida é sofrimento; a origem do sofrimento é o desejo; existe um meio de suprimir o sofrimento; é o nobre caminho, a via que Buda sugere e que conduz à extinção do sofrimento pela extinção do desejo e do apego. Essa via é considerada a "do meio" porque, tanto em matéria de ética quanto de práticas, ela rejeita atitudes extremas, bem como o apego em todas as suas formas e as mortificações extremas para nos forçar ao desapego.

Budismo e desapego

O budismo ensina, então, a suprimir todo desejo e todo apego. Isso parece bastante sério. É verdade. No Ocidente, esquecemos com muita frequência o caráter rigoroso da ascese budista, para lembrar apenas seu lado soft: algumas técnicas que ajudam a encontrar um pouco de serenidade. Isso é muito bom, mas, se decidirmos investir totalmente na via ensinada pelo Buda, seremos levados ao desapego de tudo, até ao desapossamento de si, quer dizer, à morte do ego, como no hinduísmo. Ora, no Ocidente, há aproximadamente dois séculos, estamos empenhados numa busca exatamente inversa: a realização de si. Ora, de um lado, o ser humano procura se apagar como individualidade; de outro, contudo, se afirma como individualidade. É preciso tomar consciência dessas diferenças, embora seja possível conciliar os dois caminhos, considerar pertinente tal aspecto da filosofia budista — como as leis de impermanência ou de interdependência —, ou então a prática da meditação.

Buda partiu de uma constatação: a vida é dor. A origem da dor é a sede, compreendida como desejo. Desejamos sempre alguma coisa e quando obtemos essa coisa (ou ser), sofremos com medo de perdê-la. Enquanto nos apegarmos à vida, aos seres, às coisas materiais, seremos sempre mais ou menos infelizes, porque nada é permanente, tudo muda sem parar. Ora, Buda procura uma felicidade durável, definitiva. E ele explica que essa serenidade perfeita só pode ser obtida se não estivermos mais submetidos à lei do desejo e do apego. O que, aliás, fará com que não nos reencarnemos mais, já que a "sede" de viver também se apagará. A etimologia da palavra nirvana significa "extinção". Por isso, o ideal da vida budista é a vida monástica, que permite a renúncia à sexualidade e à vida amorosa e familiar, que sempre provocam o apego. Aliás, Buda nunca fala de "amor" na sua mensagem espiritual, a não ser no amor universal, por meio do termo "compaixão" — *maitri*, em sânscrito. E esse amor universal para com todos os seres vivos proíbe justamente o apego a determinado ser em particular, daí a ideia constante no budismo de que é infinitamente mais fácil alcançar o nirvana pela via monástica do que pela do casamento. Agora podemos também compreender a mensagem de Buda como incentivo para amar de modo não passional, sem dominação e sem expectativa, numa relação com o outro, baseada na doação autêntica, em última análise, à maneira do *ágape* cristão.

O encontro do budismo e do cristianismo

Estou convencido de que a filosofia budista pode ensinar muito ao Ocidente, do mesmo modo que a civilização cristã, segundo as próprias palavras do dalai-lama, ensinou à Ásia as noções que lhe faltavam de justiça social e de ajuda aos necessitados. Esses dois últimos conceitos são, de fato, estranhos ao hinduísmo e ao budismo, que não valorizam a dimensão material da existência: pouco importa que a pessoa seja rica ou pobre, doente ou saudável, o que conta é a libertação interior. O maior sofrimento não é o sofrimento corporal ou o que se liga às condições materiais da existência. É o do espírito que ainda se encontra na ignorância e preso. Os mestres espirituais se preocupam, portanto, unicamente em ensinar o caminho que permite alcançar a libertação. É aí que, para eles, se situa a verdadeira compaixão. É porque somos profundamente impregnados de cultura monoteísta, e sobretudo cristã, que isso nos espanta. Mas, para um budista, a libertação do espírito conta infinitamente mais do que a saúde física ou o bem-estar material. A erradicação da ignorância é uma tarefa mais urgente do que a erradicação do sofrimento físico. Por outro lado, a crença na lei universal do carma engendra uma espécie de fatalismo e de indiferença para com a miséria corporal de outrem: de nada adianta querer mudar a ordem das coisas ou ajudar as pessoas em desgraça, já que a condição atual delas provém de atos cometidos em vidas anteriores. Madre Teresa iniciou sua obra em Calcutá porque não suportava mais ver as pessoas morrerem na rua, perante a indiferença geral, bebês jogados nas lixeiras, leprosos confinados como párias. E no início ela encontrou enorme incompreensão e resistência. Foi somente após vinte anos, quando o mundo todo conhecia sua obra, que as consciências foram tocadas e que a Índia orgulhosamente se apropriou dela como uma heroína nacional. Os orfanatos, os hospitais, os leprosários nos quais os leprosos são tratados como seres humanos plenos não nasceram em terra hindu ou budista, mas num solo cristão que prega o amor ao próximo como mandamento divino e a transformação do mundo. Acredito, portanto, que é muito fecundo o intercâmbio entre o que o budismo tem de melhor — o conhecimento de si, o respeito pela natureza, a não violência — e o que o Ocidente tem de melhor — os direitos do homem e a preocupação com o outro. É o motivo pelo qual Arnold Toynbee (1889-1975), o grande historiador das civilizações, disse pouco antes de morrer essas palavras que assombraram seu auditório: "O maior acontecimento do século XX é o encontro entre o budismo e o Ocidente."

Do Buda ao budismo

"Buda" não é um nome, mas um título que significa "o despertado". Do mesmo modo que falamos do "Cristo" para significar "o Messias". Seu nome é Siddharta Gautama, do clã dos Sakias (de onde lhe vem também o nome de Sakiamuni). Os textos de que dispomos foram escritos vários séculos após sua morte (lembro que os Evangelhos e o Alcorão foram escritos algumas dezenas de anos depois da morte de Jesus e de Maomé) e eles constituem uma narrativa muito lendária de sua vida, mas cuja trama principal parece crível. Dizem que ele é filho de rei; mais provavelmente, era o filho de um senhor de uma pequena cidade do Norte da Índia atual. Tragado por sua busca espiritual, ele abandonou mulher e filho e deixou seu palácio. Depois de ter levado uma vida ascética extremada, ele alcançou o "Despertar" ao termo de uma longa meditação. Em seguida, transmitiu seu ensinamento a um pequeno punhado de discípulos. O primeiro *sangha*, a primeira comunidade que ele criou depois de seu Despertar, dedicou-se inteiramente à vida espiritual e à meditação. Ela não vai parar de crescer durante os quarenta anos de pregação itinerante do Buda.

Os *Sutras*, textos que narram seus ensinamentos, também foram escritos vários séculos depois de sua morte e são fruto de uma longa tradição oral. Eles mencionam numerosos debates filosóficos no seio das escolas do budismo. Mas a principal cisão acontece em torno do início da era cristã, ou seja, mais de cinco séculos após a morte do Buda, entre a escola dos Antigos (dita Theravada), que privilegia a salvação individual, e o movimento Mahayana (literalmente "Grande veículo"), que privilegia a compaixão ativa por todo ser vivo.

O budismo é uma sabedoria fundamentada na experiência e no pensamento racional, mas, ao mesmo tempo, repousa sobre uma base de crenças que, como eu lhes disse, estão profundamente enraizadas no universo religioso indiano, o do Buda. Do mesmo modo que o hinduísmo, o budismo postula a realidade do samsara, a roda das existências, e todos os ensinamentos que ele oferece são destinados a ajudar os vivos a se libertarem do peso do carma gerado pelos atos intencionais que realizamos pelo corpo, pela palavra e pelo pensamento. O budismo, todavia, se distingue do hinduísmo na medida em que ele não crê na realidade substancial do atmã (a alma). Para ele, o atmã é um agregado provisório destinado a se dissolver após a morte.

Debate sobre as vidas anteriores

Mas então — vocês objetarão — o que é que se reencarna, se não há continuidade de uma alma na outra? Há continuidade, porém não no plano da substância da alma. A continuidade está no nível cármico: o carma continua a produzir efeitos que dão origem a uma nova alma, que é uma recomposição de elementos psíquicos, emocionais sensitivos que já existiram. É o que, para os budistas, explica que os indivíduos tenham, por vezes, memórias de vidas anteriores. Essas memórias não vêm de uma continuidade de ser, mas da presença de resíduos cármicos provenientes de existências passadas.

Em 1967, um neuropsiquiatra canadense, Ian Stevenson, espalhou pelo mundo suas equipes para recolher esses depoimentos junto a crianças que, num estado de consciência normal, contam lembranças, reminiscências de uma "outra vida". Foram recolhidos mais de 2.600 depoimentos, a metade deles no Sudeste Asiático, inclusive na Índia, a outra metade no Oriente Médio perto dos drusos e os alauitas da Turquia, no Alasca e até mesmo na Europa. Todas as crianças eram originárias de meios ligados à crença da reencarnação. Stevenson aprofundou particularmente o estudo de uma centena de casos, "verificando" as lembranças e observando que estas se apagavam por volta dos 7 anos de idade, sob a pressão do meio social. Citarei um dos casos: o do pequeno indiano Prakash que dizia ter lembranças muito precisas de outra criança, Nirman, morto um ano antes de seu nascimento. Ele se lembrava do nome de sua aldeia, do nome de seus pais, de seus amigos. Stevenson foi até lá com ele. A criança efetivamente reconheceu a casa, os seus e os nomeou. Mas ficou surpreso com a porta de entrada da casa. Ele dizia que não era a "verdadeira" porta. Efetivamente, esta havia sido mudada depois da morte de Nirman! Stevenson também estudou nessas crianças o que chamamos de marcas de nascimento, e ele observou sua correlação com acontecimentos passados em "outra vida". Uma criança cujo braço direito era atrofiado "lembrava-se", por exemplo, de ter matado a mulher. Eu mesmo conheci uma pessoa que usava permanentemente, desde a infância, uma echarpe em volta do pescoço, sem saber por quê, mas precisava usá-la. No contexto de uma terapia de grupo e num estado um pouco modificado de consciência, essa pessoa se viu sendo decapitada durante a Revolução Francesa. Desde esse dia, ela não usa mais a echarpe!

Pessoalmente, creio que não podemos negar a realidade de alguns depoimentos, mas a explicação de uma vida anterior é por demais apressada. O próprio Stevenson nunca deixou de exigir uma grande prudência na interpretação de seus trabalhos, acrescentando que, apesar de todos os fatos acumulados, ele não tinha provas da veracidade da reencarnação, essas "lembranças" podendo talvez ser explicadas por fenômenos de transmissão de pensamento. Há outra explicação possível, aquela que o grande psicólogo suíço Carl Gustav Jung deu e que ele chama de "inconsciente coletivo": nós teríamos não apenas memória de nossa própria história, mas também da de toda a linhagem a que pertencemos, a de nossa cultura com seus arquétipos, seus mitos, a das pessoas que não conhecemos, mas de cujas lembranças nos apropriamos. Temos a memória da humanidade. As vidas anteriores se confundiriam com o inconsciente coletivo?

Voltando à reencarnação no budismo, não é, portanto, uma individualidade (esta é sempre uma ilusão) que transmigra de uma existência para outra. E o acesso ao nirvana significa a extinção de uma cadeia cósmica da qual milhares de seres vivos participaram: plantas, animais, humanos. Mas o Buda explica, contudo, que somente a condição humana permite atingir a libertação última pela tomada de consciência de que o ego é uma ilusão e pela extinção voluntária da sede, do desejo.

O caso dos *tulkus* tibetanos

Essa teoria não corresponde verdadeiramente ao que se sabe sobre os grandes lamas tibetanos que dizem ser a reencarnação de mestres espirituais do passado. Em sua autobiografia, o dalai-lama conta como ele foi reconhecido com a idade de 2 anos como a reencarnação de seu predecessor, porque ele pôde identificar, sem errar, objetos que lhe tinham pertencido. Tudo bem, mas estamos aqui diante de uma evolução muito tardia do budismo, que foi contínua durante sua longa história de enriquecimento com novas teorias e novas práticas. O budismo tibetano se enraíza na corrente do budismo chamado de "Grande veículo" (*mahayana*), que se desenvolveu mais de cinco séculos após a morte do Buda. Como eu já disse, ele acentua a compaixão universal e não a libertação individual. O ideal pregado é atingir o Despertar não mais para que a pessoa se liberte sozinha do ciclo dos renascimentos, mas para ajudar todos os seres vivos a se libertarem do ciclo dos renascimentos. É o que se chama de grande compaixão (*Karuna*), que vai muito mais longe que a simples compaixão (*maitri*), que pede apenas que se seja benevolente e não se maltrate os seres sensíveis. Todos os que se engajam nesse caminho — o qual se espalhou por todo o norte da Ásia: do Tibete à China, passando pelo Japão e Coreia — aspiram a se tornar *boddhisattva* e prometem ajudar todos os seres vivos. Um *boddhisattva* é, portanto, um ser que alcança o Despertar, mas decide voltar para a terra depois da morte a fim de continuar a ajudar os seres a também atingirem o Despertar. Consequentemente, o processo de reencarnação difere: a consciência do Despertar se mantém após a morte do corpo físico e ele pode, voluntariamente, programar sua futura encarnação neste ou naquele corpo. Seu espírito também conservará os traços fundamentais de sua individualidade precedente (em especial todas as aquisições de sabedoria), já que ele não está mais submetido às leis da dissolução da alma. O dalai-lama e muitos outros mestres budistas são assim considerados *boddhisattva*. Depois de sua morte, o vestígio de sua nova encarnação é sistematicamente procurado.

Os deuses do budismo

Embora o budismo seja uma religião sem Deus, ela não é uma religião sem deuses. O próprio Buda acreditava na existência de numerosas deidades e teve de lutar com muitas entidades invisíveis, particularmente com demônios. Os budistas acreditam na existência de seres imateriais chamados *devas*. Mas em nenhum momento é dito que esses seres são sobrenaturais. São seres naturais — como as plantas ou os homens —, mas de outra natureza. No que diz respeito à doutrina, esses seres habitam outros planos do universo e estão, como nós, presos na roda do samsara. Invocá-los seria apenas uma ilusão. Na vida real, acontece diferente: essas deidades são, de fato, objeto de cultos populares, inclusive nos templos. Eles são invocados do mesmo modo que o Deus dos judeus, dos cristãos ou dos muçulmanos: preces de pedidos ou de agradecimentos lhes são dirigidas; como nos templos hindus, eles recebem oferendas em troca de sua proteção. Tais práticas certamente se afastam da doutrina, mas as autoridades budistas não as condenam. Elas consideram que essas invocações e oferendas podem ajudar alguns indivíduos a progredirem na caminhada. No fundo, todas as religiões se parecem porque respondem à necessidade de apaziguar os sofrimentos e as angústias do ser humano.

A prática da meditação

Invocar um Deus pessoal é uma ilusão, mas a meditação é a prática mais essencial do budismo. Segundo a tradição budista, o próprio Buda experimentou todos os tipos de prática antes de se acomodar sob uma árvore num lugarejo chamado

Uruvilva, atual Bodh Gaya, jurando não se mover até alcançar a Verdade. Ele mergulhou em profunda meditação. Vale a pena explicar o fundamento dessa prática. Gostaria de lhes dizer que meditar não é difícil: é simplesmente uma questão de treino. A primeira condição é se colocar na situação de não ação. Apartado do mundo exterior, a pessoa faz silêncio dentro de si. Não se trata de se esforçar para expulsar todos os pensamentos. Ao contrário: concentrando-se na respiração, é preciso "deixá-los passar", quer dizer, observá-los do mesmo modo que se olha a paisagem quando se está num trem. Lá está uma vaca, em seguida, uma casa. Dizemos: "olha, uma vaca"; mas assim que vemos a casa, esquecemos a vaca: não pensamos mais nela já que a perdemos de vista. Deixamos assim os pensamentos se sucederem, sem nos apegar a nenhum deles. Nem sempre se consegue na primeira tentativa, mas, rapidamente, se aprende a alcançar o silêncio interior. A consciência se clarifica, pode-se ver cada vez mais profundamente em si. Numerosas técnicas de meditação muito mais elaboradas foram aperfeiçoadas pelas diferentes escolas budistas, recorrendo, por exemplo, a técnicas de visualização.

As sabedorias chinesas

Partindo da Índia, o budismo se espalhou por toda a Ásia, inclusive a China, país, contudo, pouco aberto às tradições externas. Mas também na China existem correntes de sabedoria milenares, que começam a interessar aos ocidentais. A China é, em si, um mundo de grande complexidade. No entanto, creio que podemos apontar algumas grandes características comuns às tradições chinesas, ou seja, todas as tradições nascidas na China e baseadas em conceitos próprios ao universo mental chinês.

Assim o conceito do *qi*, uma energia vital em perpétuo movimento, que permeia todas as coisas e todos os seres, que anima o universo e a vida, que circula em cada ser pelos meridianos que se cruzam em determinados pontos. Esse conceito não tem equivalente nem no Ocidente, nem na Índia. Outro conceito é o do *yin* (a lua, o feminino, o frio) e do *yang* (o sol, o masculino, o quente). O yin e o yang, emblemas da perpétua mudança em ação no universo, são duas noções complementares indissociáveis: só têm sentido juntos, não podem ser separados, não podem ser opostos. Poderíamos também citar o conceito de *Tao*, que é simultaneamente o estado primordial e o estado último.

O que as religiões chinesas têm em comum com a maioria das outras tradições orientais é o fato de não evocarem a ideia de Deus. Elas não são monoteísmos, elas também não postulam a ideia de um começo ou a de um fim do universo: o Tao existe desde sempre e para sempre. Como os hindus e os budistas, os chineses creem na existência de espíritos superiores naturais — deuses, demônios, espíritos dos mortos —, mas desconfiam deles.

Confúcio

Confúcio pensava que "é preciso respeitar os espíritos, porém manter-se afastado deles", deixar que cada um tenha suas crenças e agir por uma humanidade melhor. A principal obra que lhe é atribuída, mas que provavelmente foi redigida por seus discípulos, *Analectos ou Diálogos de Confúcio,* é um dos livros mais lidos do mundo! O personagem é histórico ou lendário? Ignoro se seu túmulo e os de seus numerosos descendentes reunidos no mesmo lugar, Kong Lin, ou a floresta dos Kong, são uma prova de que o personagem realmente existiu. Mas, na

China, não se duvida da realidade de mestre Kong, chamado Confúcio e denominado de "o sábio supremo e o mais importante dos mestres". Ele teria nascido por volta de 550 antes de nossa era, teria sido funcionário subalterno antes de abrir sua própria escola particular na qual ele acolhia todos os alunos sem distinção de classe ou de fortuna, para forjar neles a nobreza do coração, que ele estimava superior à nobreza de sangue. Dizem também que ele procurou em vão, durante anos, um príncipe que lhe permitisse aplicar seus princípios em toda uma província. Confúcio era, antes de tudo, um pedagogo que pregava princípios de retidão que, para ele, eram os únicos que poderiam edificar uma sociedade harmoniosa. Sua sabedoria repousa na observação da natureza e de seus ciclos contra os quais é inútil lutar. Ele dava um exemplo simples: em vez de rezar pela chuva no verão é mais sábio (e eficaz) acumular reservas de água para prevenir a estação seca. Lógica que ele aplicou a todas as coisas da vida. Nenhuma técnica, nenhuma prece — ele insistia — poderia desviar o curso das coisas. Então, é melhor aceitar a hierarquia natural, reflexo da hierarquia do cosmos, e se submeter a ela — por isso sua permanente preocupação com uma disciplina respeitosa, que pode, efetivamente, nos assustar hoje. Durante séculos, na China imperial, cada burgo tinha um prédio dedicado a Confúcio, no qual todos podiam aprender a ler e a escrever e onde se realizavam os exames imperiais que permitiam o ingresso na função pública. O maoismo acabou com essa longa tradição.

Lao Tsé e o taoismo

O confucionismo se configura principalmente como uma moral; em compensação, o taoismo parece muito mais religioso, com seus templos, seus sacerdotes, homens e mulheres, e sua busca de imortalidade. Lao Zi (também denominado Lao Tsé), chamado de "velho mestre", seria o fundador dessa tradição. Terá ele efetivamente vivido no século VI antes de nossa era ou é apenas um personagem mitológico? Dizem que era um letrado — algumas narrativas fazem dele o mestre de Confúcio — e que também conhecia o mundo das divindades. Um dia, diz a lenda, constatando o declínio irreversível da sociedade chinesa na qual ele vivia, partiu para o Oeste. No momento de cruzar a fronteira da China, um homem suplicou que ele lhe ministrasse seus ensinamentos. Ele redigiu o *Tao Te Ching*, o "Livro do Caminho e da Virtude", constituído de 81 aforismos. É um pequeno texto extraordinário que tenta exprimir, muitas vezes de modo elíptico ou paradoxal, o que é o Tao.

Os taoistas consideram que cada corpo contém todo o cosmos, seus ciclos, suas divindades e que o universo é um corpo imenso. O objetivo dessa religião é manter a harmonia entre as diferentes energias que atravessam o corpo e o espírito, e a harmonia entre estas e o cosmos. É esse o preço da imortalidade, que não é um fim, mas o resultado lógico do perfeito domínio dos equilíbrios em si. Como o hinduísmo, o taoismo é uma tradição iniciática que se transmite de mestre a discípulo, implica técnicas corporais, regras alimentares muito restritivas e, especialmente, uma moral ilibada, cada desvio custando ao pecador anos de vida. Surge ainda o interesse por práticas sexuais que participam, elas também, da busca da imortalidade! Não se trata de sexualidade desenfreada, mas de quase que um ato religioso, uma "dança cósmica" que é o estado último da iniciação dos leigos, durante a qual o homem e a mulher mesclam suas energias, o homem captando a essência feminina da mulher, e a mulher, a essência masculina do homem. Mas, para isso, o homem não deve ejacular. Não sei muito mais porque não fui iniciado!

A religião popular chinesa

Não podemos falar da China sem lembrar a "verdadeira" religião dos chineses, uma religião que não tem nome e é conhecida como "religião popular". Ela é fruto de todos os tipos de influências: o budismo, o taoismo, o confucionismo, as antigas crenças xamanistas. Nela convivem o culto das divindades, dos espíritos da natureza e o dos ancestrais. Ela é feita de oferendas e de negociações incessantes com todos esses seres cujos templos fervilham na China. Mas, acima de tudo, os chineses permanecem muito apegados ao culto dos ancestrais, largamente partilhado por todos, conforme comprovam os altares domésticos, sobre os quais são postas as tabuinhas que encerram as almas dos mais velhos, diante dos quais são feitas oferendas de arroz, flores e até mesmo álcool. É um culto que não mudou muito desde as origens.

A repressão comunista

Com a revolução comunista, aconteceu um período de repressão contra todas as religiões, qualificadas como "superstições". Em 1957, vendo que muitas pessoas continuavam a praticar secretamente o culto, o governo chinês fundou associações culturais destinadas a enquadrar rigidamente tais práticas. No entanto, a revolução cultural pôs fim a essa curta abertura e uma terrível repressão novamente se abateu sobre as religiões. Com a chegada ao poder de Deng Xiaoping, em 1979, ela se atenuou de maneira significativa e foi estabelecido um *modus vivendi* entre o Estado e as religiões, desde que estas "funcionem" sob o rigoroso controle das autoridades. Hoje em dia, os chineses estão verdadeiramente apaixonados pelas espiritualidades, em especial pela redescoberta do confucionismo. O cristianismo também se desenvolve de modo espetacular desde alguns decênios e possui várias centenas de milhões de fiéis. De um lado, há os evangélicos protestantes e, de outro, os católicos. Mas a Igreja Católica está dividida em duas correntes: a Igreja oficial, cujos bispos e padres são nomeados pelo Estado, e uma Igreja muito próspera, chamada subterrânea, reconhecida pelo Vaticano, que nomeia seus bispos e cujo culto se organiza com a maior discrição, por não ser autorizada.

O drama do Tibete

No Tibete, país sedutor com um povo tão cativante, desenvolveu-se uma forma de budismo muito particular. Uma estranha mistura de budismo indiano mais antigo e mais racional — que finalmente desapareceu da Índia sob o duplo ataque dos hindus e dos muçulmanos — e de espiritualidade mística, integrando elementos xamanistas, fundamentado em técnicas meditativas complexas e num ensinamento iniciático. O budismo tibetano possui seus próprios cânones, mantras, fórmulas que favorecem a iluminação, mandalas ou "diagramas cósmicos" utilizados como suporte para meditação. O Estado chinês invadiu o imenso Tibete em 1950. Para submetê-lo a tutela, a China atacou a religião, cimento da identidade nacional tibetana. Conhecemos o restante da história, com o exílio do dalai-lama em 1959, a terrível repressão dos monges e das monjas tibetanas, a destruição de milhares de mosteiros. Porém, nos dias de hoje, embora o budismo tibetano permaneça rigidamente vigiado e reprimido no Tibete, constata-se uma certa paixão dos chineses por essa forma de espiritualidade e os templos budistas tibetanos estão sempre lotados em Pequim.

Talvez por esse atalho — totalmente incompreensível para as autoridades comunistas que pensavam ter acabado com as superstições dos tibetanos — o governo chinês acabará, um dia, sendo obrigado a respeitar a cultura e a religião tibetanas, na impossibilidade de devolver aos tibetanos sua legítima autonomia política.

7

O Deus de Maomé

O Islã nasceu no século VII de nossa era em pleno deserto da Arábia. Ele se inscreveria, no entanto, na continuidade da história das religiões e sobretudo na dos monoteísmos que o precedem? O deserto da Arábia não era absolutamente isolado. Meca, em particular, era um centro nevrálgico, a encruzilhada por onde passavam as caravanas que mantinham as trocas comerciais entre a Índia, o Iêmen, a Etiópia, a Síria, a Mesopotâmia, a Palestina. Era *a* cidade cosmopolita por excelência, onde se exerciam todas as influências. No século II de nossa era, o grego Ptolomeu já se referia a ela pelo nome de Macoraba (do etíope *mikrab*, "o templo"). Ora, a fama de Meca vinha justamente de seu templo construído nas proximidades da fonte de Zamzam, e que já abrigava a Caaba, a célebre pedra negra em torno da qual os muçulmanos realizavam suas circum-ambulações rituais por ocasião da peregrinação. A tribo dos coraixitas, que reinava na cidade, tinha adotado o princípio de rígida neutralidade. Neutralidade política (Meca não tomava partido nas disputas e nas guerras entre os impérios que a cercavam) e neutralidade religiosa: os pagãos, os maniqueus, os judeus e os cristãos de todas as tendências ali podiam celebrar seus cultos com toda a liberdade. Além da Caaba, o templo da cidade abrigava 360 divindades, dentre as quais, as três divindades da cidade, as deusas Uzza, Lat e Manat. Grandes feiras eram organizadas, atraindo mercadores de muito longe e também grandes peregrinações; por isso, Meca era uma cidade particularmente próspera. É claro que as riquezas eram repartidas desigualmente, em especial nas mãos do clã no poder, e determinada parcela de habitantes de Meca permanecia à margem dessa prosperidade.

Maomé

É, portanto, nesse contexto definitivamente muito "internacional", que nasce Maomé. Quem é o profeta do Islã? É um mecano da tribo dos coraixitas, mas pertencente a um ramo desfavorecido dessa tribo, os Bani Hashem. Seu pai morre antes de seu nascimento, ocorrido em cerca de 570, e sua mãe, quando ele tem 5 ou 6 anos. Foi criado pelo tio materno, Abu Talib, um modesto caravaneiro. Maomé aprendeu essa profissão e tem 9 ou 10 anos quando começa a acompanhar o tio a Damasco, cidade então majoritariamente cristã, onde vivem também judeus. Como todos os caravaneiros, ele faz amizade com os autóctones. Conhece especialmente um eremita cristão, o monge Bahira, que, segundo as narrativas da vida do profeta, teria reconhecido seu dom profético e pedido a Abu Talib para cuidar da criança. Na idade adulta, Maomé começa a trabalhar para uma rica viúva, Cadija, que possui caravanas. Ele é considerado íntegro: ela lhe entrega a condução de seus camelos. Ele tem 25 anos quando a desposa; ela, 40; eles fundam uma família e dão origem a filhos. Em Meca, nesse período, surgiu o feudo dos chamados *hanifs*. Os hanifs eram politeístas cansados do politeísmo, que não se sentiam próximos nem do judaísmo, nem do cristianismo, e estavam à procura de um Deus único, o Deus de Abraão — daquilo que poderia ser chamado de monoteísmo das origens. Os hanifs não eram numerosos e tinham o hábito de se recolher durante alguns dias ou semanas nas grutas do monte Hira, uma colina próxima de Meca.

A revelação corânica

Seria Maomé um deles? Não se sabe, mas ele também fazia retiros regulares e prolongados naquele monte. Foi lá, com a idade de 40 anos, que ele viveu uma experiência espiritual muito forte. Segundo a tradição muçulmana, um anjo apareceu e lhe ordenou: "Leia, em nome de teu Senhor que criou!" E ele lhe oferece um primeiro versículo corânico, aquele pelo qual começa a surata (ou capítulo) 96 do Alcorão. Diz a tradição que foi desse modo que teria sido revelado o conjunto do livro santo do Islã, "ditado", portanto, pelo anjo, um procedimento que se estendeu por 22 anos, até a morte de Maomé. Como foi que aconteceu? O problema é que não dispomos de nenhum material além da hagiografia muçulmana e do próprio Alcorão. As biografias do profeta são, aliás, muito tardias e começaram a ser redigidas somente duzentos anos após sua morte. Ora, a história muçulmana da revelação corânica é uma narrativa tão maravilhosa quanto a história judaica da revelação bíblica ou os evangelhos da infância de Jesus. Os versículos do anjo, que a tradição identificou como Gabriel, foram logo transcritos pelos companheiros de Maomé em todos os suportes possíveis: escápulas de camelos, palmas, pedras, pedaços de madeira, que eram preciosamente conservados — mas nenhum desses fragmentos chegou até nós. Tais versículos são detalhados: em sua maioria, aconteceram como resposta a situações reais, bem concretas, a problemas propostos à comunidade. Esquematicamente, distinguem-se os versículos mecanos dos versículos medinenses, mais tardios. Os versículos mecanos estão associados à formação da comunidade que se criou pouco a pouco em torno de Maomé para adorar o Deus único. No início, tratava-se daqueles que eram próximos ao profeta, em seguida, de jovens deixados, em sua maioria, à margem da prosperidade da cidade, porque não pertenciam aos círculos do poder. Seu proselitismo, sua agitação, suas críticas incessantes, incomodam os coarixitas, preocupados em resguardar a cidade de qualquer perturbação e, acima de tudo, em preservar-lhe o caráter de "cidade de todos os deuses". Nessa época, vários versículos respondem diretamente às críticas dirigidas a Maomé e aos seus, outros expõem a nova doutrina, seus rituais, seus elementos de fé, insistem na unicidade de Deus, nas virtudes com as quais os fiéis devem se ornar, nas recompensas no além. A comunidade de Maomé, no entanto, aumenta, e a preocupação dos coarixitas cresce proporcionalmente. Uma dezena de anos após o início da "revelação", a morte de Cadija, a rica esposa de Maomé, uma mulher influente, e de seu tio, Abu Talib, seu protetor, obrigam o profeta e sua comunidade a se refugiar nos arredores. Eles fogem para Yathrib, a atual Medina. Estamos em 622, ano que marca o início do calendário muçulmano, dito o calendário da hégira, literalmente, do exílio. Os versículos medinenses (aproximadamente 1/3 do Alcorão) refletem o estabelecimento de uma comunidade organizada, do embrião de *oumma*, literalmente a nação (muçulmana). Eles regulamentam a vida do grupo, os casamentos, os acordos, acompanham também as guerras que os primeiros muçulmanos travam com os mecanos, suas disputas com os judeus e cristãos de Medina. Os versículos foram posteriormente classificados em suratas, ou capítulos, sem respeito à ordem cronológica de seu surgimento.

Outro ponto importante: a "revelação" se estendeu ao longo de vinte anos e, durante esse período, foram ditados versículos contraditórios. Para solucionar esse dilema, o Islã adotou o princípio dos versículos "revogados" e dos versículos "revogantes" — que, consequentemente, revogam os primeiros. Tomemos o exemplo do vinho: num primeiro momento, o Alcorão simplesmente proíbe os crentes de entrar numa mesquita em estado de embriaguez (4, 46). E é somente num segundo momento que aparece o versículo que assimila o vinho a "uma obra do demônio" que deve ser proibida aos fiéis (5, 90). Esse segundo versículo invalidou o primeiro.

Alcorão criado ou incriado?

Os muçulmanos dizem que o Alcorão "desceu" (subentende-se, do Céu), que Maomé não é seu autor, mas apenas o "transmissor" da palavra de Alá. Por isso, eles consideram esse livro intocável. Até o início do século X de nossa era, o mundo muçulmano foi intensamente perturbado por uma controvérsia: saber se o Alcorão tinha sido criado (por Alá) enquanto era revelado, ou se era incriado, quer dizer, existente desde toda a eternidade. Os mutazilitas, "racionalistas", que eu compararia às Luzes cristãs, eram os defensores da teoria do texto criado e, além disso, defensores de um texto que poderia ser interpretado, discutido. O Criador, diziam eles, deu ao homem razão, e este deve exercê-la, nem que seja para responder a uma injunção divina que consiste, justamente, em raciocinar. Mas os mutazilitas se chocaram com os defensores da ortodoxia, que pregavam contra o livre-arbítrio e que, na mesma época, organizavam os hadiths, os "ditos" do profeta. Para eles, o homem tinha apenas um dever para com o Criador: obedecer-lhe. Uma tese que se apresentava sedutora para os califas abássidas, então no poder e às voltas com a contestação, não apenas dos mutazilitas, mas também dos xiitas. Estes contestavam o poder do califado em benefício dos descendentes do profeta, o que, aliás, eles ainda reivindicam. Aliando-se às teses tradicionalistas, cujo líder era Ibn Hanbal, o fundador da escola hanbalita que deu origem ao wahabismo saudita, o califado erigiu a "não criação" do Alcorão em dogma. Desde então, a tradição muçulmana determina que o texto original em árabe, língua na qual ele foi "dado" a Maomé, seja, por toda a eternidade, posto à direita de Alá: é a "Mesa guardada", também chamada de "mãe do Livro".

O método histórico e crítico aplicado ao Alcorão

É preciso aplicar ao Alcorão as técnicas de exegese que são aplicadas a todos os outros textos sagrados, principalmente a Bíblia e os Evangelhos. É preciso fazê-lo numa perspectiva distanciada por parte do historiador. E é também o trabalho ao qual os mutazilitas consideravam ser dever de todo crente dedicar-se, e outros teólogos muçulmanos, mais tarde, tentaram realizar uma contextualização crítica desse texto. Infelizmente eles se chocaram contra um muro de intolerância, na medida em que as vozes da autoridade compararam o trabalho deles a uma blasfêmia. Eu considero, porém, lamentável privar os muçulmanos de semelhante trabalho. Porque, mesmo do ponto de vista do crente, entregar-se a ele sem nenhum *a priori*, sem ideias preconcebidas, seria prestar homenagem a Deus. Se ele existe, Deus não tem nada a temer de um honesto trabalho de pesquisa da verdade sobre o estabelecimento dos textos sagrados, seja a Bíblia, seja o Alcorão.

Esse trabalho de exegese começa com uma análise do próprio Alcorão, que se inscreve, em parte, na continuidade de outros textos sagrados, ou mesmo de textos apócrifos judeus e cristãos. Ele retoma suas histórias, mesmo que as conte de maneira diferente. E isso merece decodificação! No Alcorão, bem como na Bíblia, refletem-se as crenças e os costumes da época, as estruturas de pensamento e também o vocabulário, as estruturas frasais. Se ele fala dos djins e descreve com tanto entusiasmo os esplendores do paraíso e os tormentos do inferno, não é para se fazer compreender pela sociedade à qual ele se dirigia, para inculcar-lhe, já que era seu principal objetivo, os valores de excelência do monoteísmo e que começam pela crença num Deus único ao qual é preciso prestar contas? Maomé não vivia afastado da sociedade: não era um eremita; ele estava cercado pelos companheiros, pelas esposas (foi monogâmico enquanto Cadija viveu; depois, em Medina, praticou a poligamia); ele tinha contatos fora de seu círculo de fiéis, sobretudo com os judeus e os cristãos. Em todo caso, é o que afirmam as *Sira* (Vidas) do profeta. Bem como os hadiths. Posso citar o exemplo de um acontecimento que se passou exatamente depois da primeira "revelação", no monte Hira. Segundo as *Sira*, assustado com a voz que se dirigiu a ele e convencido de estar possuído por demônios, Maomé corre para a casa de sua esposa Cadija. Esta o leva à casa de seu próprio primo, certo Waraqa Ibn Naufal, um cristão muito erudito em matéria de religião, um sacerdote que lia a Bíblia em hebraico (detalhe estranho que leva a supor que Waraqa seria antes um rabino). Waraqa, assim como Bahira antes dele, não tem vocação para ocupar um lugar preponderante na história "oficial" do Islã. Consta que ele teria reconhecido os sinais da profecia e assegurado a Maomé que o anjo que lhe apareceu era Gabriel (Gibril, em árabe), o mesmo mensageiro enviado por Deus a Moisés e a Maria, a mãe de Jesus. Ele morreu alguns dias após essa conversa. Talvez seja verdade, mas a intimidade de Cadija com o primo leva a pensar que durante os dez ou 15 anos anteriores, quer dizer, desde o seu casamento com Maomé, os dois homens tiveram oportunidade de conversar, particularmente sobre questões religiosas e espirituais pelas quais o jovem caravaneiro era, parece, bem ávido.

O Alcorão e a Bíblia

O Islã se situa na continuidade das outras "revelações": segundo os muçulmanos, ele vem "confirmá-las". Assim é que numerosos profetas bíblicos são citados e o Islã faz de Adão o primeiro deles. Poderíamos também citar Moisés, Davi, Jó, Salomão e ainda personagens apenas mencionados pela Bíblia, muito mais "trabalhados" pela tradição oral judaica, e que estão muito presentes no Alcorão, por exemplo, a rainha de Sabá. Atenção especial é dada a Abraão — Ibraim, em árabe —, cujo nome aparece em 25 versículos. Ele era o exemplo ao qual se referiam os hanifs que, como eu disse, na época do profeta, estavam em busca do monoteísmo puro. No Alcorão, Abraão possui uma situação especial: ele não é um profeta como os outros, mas um "amigo íntimo" de Alá (4, 125), o modelo da fé original chamada de "monoteísmo puro" (16, 123). A narrativa que o Islã faz dele é diferente da narrativa bíblica, como é, aliás, o caso das outras narrativas — e não apenas nos detalhes.

Esses acréscimos se apoiam em fontes que foram identificadas. Uma delas é um texto que circulava então nos meios judeus e cristãos e que alguns hanifs liam: o *Apocalipse de Abraão*. Nele vemos Abraão — que, como explica o Alcorão (3, 67), não era nem judeu, nem cristão, mas submisso a Alá (literalmente muçulmano) — realizar uma viagem celeste. Ali ele é visto se opondo ao seu povo idólatra e fugindo dele — é também o que o Alcorão narra. Esse *Apocalipse* também insiste na destruição dos ídolos a que o pai dos monoteísmos se dedicara. E é justamente uma passagem que encontramos no Alcorão e que tem como teatro Meca: o Islã faz de Abraão o fundador da Caaba e o iniciador dos ritos que ali são praticados, em particular a circum-ambulação. Os detalhes dessa cena, tal como é referida pelo Alcorão, têm estranhas semelhanças com o que é dito nos *midrash*, comentários talmúdicos sobre os livros bíblicos, especialmente no Gênesis Rabba, um *midrash* do V século que trata do livro bíblico da Gênese. Mas o mesmo se poderia dizer de outros acontecimentos "bíblicos" tal como foram referenciados pelo livro santo do Islã.

Jesus no Alcorão

Jesus é muitas vezes citado no Alcorão. Ele está presente não como filho de Deus, mas como profeta. E esse profeta, segundo o Islã, não morreu na cruz: Deus substituiu-o por um sósia e elevou o "verdadeiro" Jesus até Ele (4, 157, 158)! Curiosamente o Alcorão não dá a Jesus seu nome árabe, Yasouh. Ele o chama de Issa, um nome de origem ignorada. Mais exatamente, "Issa, o filho de Maryam", Maria, detalhe que merece destaque numa sociedade em que cada um era "filho de" seu pai, inclusive Maomé, que se chama Maomé Ibn "filho de" Abdala.

O nascimento virginal de Jesus é reconhecido: diz o Alcorão que ele nasceu de um sopro introduzido por Deus em Maria (mas não do próprio Deus), e apenas Adão partilha esse privilégio. Esse sopro não se confunde com o Espírito Santo. Ele é o anjo que transmitiu a palavra de Deus a Maomé? É o que leva a pensar alguns versículos, enquanto em outros, o sopro se confunde com a Palavra criadora de Deus, Seu Verbo, quer dizer o logos do Evangelho de João. Por outro lado, ainda no Alcorão, Jesus é considerado um profeta superior aos demais. Ele faz parte dos mensageiros a quem Alá falou, a quem "deu provas" (2, 253), ele é um "sinal de Deus" enviado ao povo de Israel, encarregado de confirmar a Torá e de legitimar uma série de proibições que foram promulgadas (3, 49). Seu personagem é apresentado como particularmente exemplar, mas ele é especificamente o profeta que anuncia a vinda de Maomé, aqui chamado de Ahmed (61, 6). Do mesmo modo que são confirmados os milagres que ele realizou. Sua história, porém, tal como narrada no Alcorão, se inspira sobretudo em escritos apócrifos, quer dizer, em textos cristãos não reconhecidos pela Igreja. Citarei alguns exemplos: quando o Alcorão afirma que Jesus insuflava vida em pássaros de argila, ele retoma notadamente o Evangelho do Pseudo-Mateus, redigido provavelmente no século V. Mas enquanto essas narrativas afirmam que Jesus realizava esse milagre na infância, o Alcorão considera que aconteceram na idade adulta. Do mesmo modo, quando Jesus ordena às palmeiras que se inclinem para alimentar sua mãe, vê-se aí uma referência à fuga de Jerusalém, tal como ela é contada nessas mesmas narrativas apócrifas.

Embora o Alcorão conceda um lugar privilegiado a Jesus, ele se insurge intensamente contra a Trindade cristã, identificando-a a um politeísmo: "Não digais trindade três! Abstende-vos disso! É melhor para vós. Deus é um Deus único. Glorificado seja! Teria um filho?" (4, 171). O Alcorão retoma várias vezes o fato de que Jesus é um personagem excepcional, mas não é o filho de Deus. Aliás, acredito que se ele insiste tanto no que chama de "puro monoteísmo", o monoteísmo de Abraão, é justamente por oposição ao que ele considera ser um politeísmo cristão. É preciso dizer que no tempo de Maomé, as controvérsias trinitárias estavam no auge no Oriente, e não surpreende que o profeta do Islã tenha retomado esse delicado assunto corrente em sua época. Aliás, encontram-se nas suratas medinenses críticas virulentas contra aqueles que continuam a associar outros deuses a Deus, quer dizer, os cristãos que, segundo o Islã, teriam deformado a mensagem de Jesus, divinizando-o. Essas críticas também não poupam os judeus, que são censurados por não terem sabido reconhecer Jesus como um profeta.

Maria, a mãe de Jesus, também tem um lugar especial no Alcorão. Ela é a única mulher a ter o nome citado! O Alcorão afirma que ela foi escolhida por Alá acima de todas as mulheres (3, 42). De acordo com a narrativa corânica, ela foi consagrada a Deus por sua mãe, para protegê-la dos demônios (comentários posteriores lembrarão até mesmo sua imaculada conceição, mil anos antes de a Igreja católica fazer disso um dogma!). Deus, diz ainda o Alcorão, lhe reservou uma "bela recepção" e a confiou a Zacarias, pai de João Batista (3, 37). Sua vida é cercada de milagres que não são contados nos evangelhos canônicos, mas nos apócrifos cristãos.

Influência de fontes externas

Os muçulmanos ortodoxos não reconhecem a influência dessas fontes externas, notadamente as apócrifas, do mesmo modo que os judeus e cristãos fundamentalistas não reconhecem na Bíblia as influências mesopotâmicas, zoroastristas ou egípcias a que já nos referimos. O Alcorão cita três livros sagrados: a Torá, o Evangelho (no singular), e o que ele chama de Zabur: seriam os Salmos, como determinado versículo sugere? Trata-se de outros escritos, especialmente os apócrifos, cuja marca, conforme vimos, é forte no Alcorão? Segundo o Alcorão, esses livros contêm revelações feitas aos profetas anteriores, revelações que o Islã virá completar. Maomé foi desde cedo atacado pelos mecanos que o acusavam de se inspirar nas Escrituras anteriores, enquanto ele próprio afirmava falar o que era ditado por Deus — por intermédio do anjo. Sabemos isso porque pelo menos um versículo se dá o trabalho de refutar tais acusações. Eu o cito para vocês: "Bem sabemos que alegam: 'Alguém está lhe ditando o Alcorão.' Ora, esse alguém que supõem só fala uma língua estrangeira. E o Alcorão é versado num árabe castiço" (16, 103). Maomé também foi acusado de inventar os versículos, por isso este lhe é "revelado" como resposta a tal acusação: "Na realidade, desmentem o que não logram apreender e cuja interpretação não lhes foi revelada ainda. Seus antepassados desmentiam da mesma forma. Repara que fim levaram os iníquos" (10, 39).

No Alcorão há também influência dos maniqueus. O profeta Mani, que viveu no século III de nossa era, deu a si mesmo o título de "selo dos profetas", quer dizer, o último grande profeta. É exatamente por esse título que Maomé é designado: "Khatam al-Anbiya." Os cinco pilares do Islã são igualmente enumerados no Alcorão: a fé, a prece, a caridade, o jejum, a peregrinação. Ora, o maniqueísmo também assumiu cinco pilares, dos quais três são encontrados no Islã: a prece, a caridade e o jejum.

O estabelecimento do texto corânico

Voltemos à constituição do Alcorão. Vimos que, segundo as fontes muçulmanas, os versículos foram revelados a Maomé durante um longo período. Como foi estabelecida a versão definitiva? A tradição muçulmana afirma que aproximadamente 15 anos após a morte do profeta, os califas, literalmente os sucessores, iniciam a coleta dos versículos que tinham sido anotados pelos companheiros. Trinta anos depois da morte de Maomé — acrescenta a tradição —, Otman, o terceiro califa, acabou de examinar os versículos que tinham sido anotados pelos companheiros, reunidos em suratas, estas organizadas por tamanho. A chamada vulgata de Otman foi então — sempre de acordo com a tradição — recopiada e distribuída no império muçulmano nascente. Ora, não foi encontrada nenhuma "confirmação de recebimento" da época, o que não deixa de ser estranho. O primeiro Alcorão completo que chegou até nós data do século IX — quer dizer, o III século da hégira. Quanto às mais antigas passagens encontradas, copiadas em papiro ou pergaminhos, datam de pelo menos um século depois da morte de Maomé. São fragmentos lapidares de versículos, muito malconservados. A história da constituição do texto corânico não é linear. A própria tradição muçulmana reconhece que a vulgata de Otman não foi a única: outras compilações apareceram ao mesmo tempo, num clima — é preciso dizer — de lutas pelo califado, que era reivindicado pela família do profeta do Islã, mas que coube a companheiros. A tradição cita os livros de Obai Ibn Kaab, de Abdala Ibn Massud, Abu-Mussa al-Achari, ou ainda Ali, o genro do profeta, que será o quarto califa e que é considerado, pelo Islã xiita, o primeiro grande Imã, único detentor da verdadeira autoridade. De acordo com os xiitas, a versão de Ali era numericamente mais importante que as outras versões, mas ela foi "censurada". Otman teria ordenado sua destruição, bem como a de todas as outras versões "não oficiais".

Trabalhos universitários relativamente recentes tendem a demonstrar que o Alcorão, na versão que conhecemos, teria sido redigido muito mais tarde. Nos anos 1970, o historiador das religiões John Wansbrough considerou, em seu *Quranic Studies*, que alguns versículos, os mais proféticos, foram acrescentados tardiamente, quer dizer, no século VIII de nossa era, século II do Islã, por compiladores iraquianos. Ele percebeu neles as influências de um cristianismo e de um judaísmo tardios. Sua tese, é necessário dizer, provocou violentas reações no mundo muçulmano. Em 2000, o alemão Christoph Luxenberg — sob pseudônimo, de tanto que o assunto é delicado — defendia uma tese publicada quatro anos mais tarde sob o título de *Die Syro-Aramäische Lesart des Koran* (Leitura siríaco-aramaica do Alcorão). Nele, Luxenberg se dedica a uma decodificação minuciosa do vocabulário corânico. De acordo com os muçulmanos, esse vocabulário pertence ao mais puro árabe. Os próprios teólogos, porém, concordam que nele existem zonas obscuras, palavras desconhecidas, que eles não compreendem e que não têm etimologia alguma. Essas palavras, segundo Luxenberg, simplesmente não pertencem ao vocabulário árabe; são empréstimos tomados à língua siríaco-aramaica. Ele chegou a encontrar expressões específicas da liturgia cristã síria! Por meio dessa leitura, o sentido do Alcorão fica consideravelmente modificado. Além do mais, Luxenberg — que não foi o primeiro a dizê-lo — afirma que a versão final do Alcorão não foi estabelecida vinte ou trinta anos após a morte de Maomé, mas que é fruto do trabalho de várias gerações. De fato, é provável que grande parte do texto tenha sido estabelecida sob o reinado dos quatro primeiros califas.

Quanto à versão final, ela é certamente mais tardia. Em todo caso, há uma certeza: na época de Maomé, e pelo menos durante um século e meio após, usavam-se sinais diacríticos na escrita do árabe, aqueles pontos e traços que, atualmente, permitem que se distingam as letras umas das outras. A palavra "uma torre" (*burj*), sem esses sinais, poderia perfeitamente ser lida como "êxodo" (*nazaha*). Outra dificuldade se acrescenta a essa: em árabe, não se escrevem todas as vogais. Em outras palavras, tenha sido essa vulgata instituída ou não por Otman, sua leitura e a escolha definitiva das palavras são muito mais tardias, e certamente foram influenciadas pela época na qual foram estabelecidas.

A ortodoxia muçulmana rejeita o resultado de todas essas pesquisas porque afirma que o Alcorão foi ditado por Deus, que Maomé o recitava frequentemente e que seus companheiros não apenas transcreveram os versículos, mas mantiveram a ordem da recitação feita por ele. Vemos que tal tese pode ser facilmente rejeitada, na medida em que existiram outras versões antes que se impusesse a chamada versão de Otman. Durante os primeiros séculos do Islã, os agressivos debates entre os defensores das diferentes versões perduraram durante vários séculos, e aconteceu até de vozes muçulmanas porem em dúvida a autenticidade de determinados versículos, ou de se queixarem de que outros versículos, também eles "revelados", tivessem sido suprimidos da vulgata oficial. É o caso, por exemplo, do versículo do apedrejamento dos casais adúlteros. Nas prestigiosas universidades islâmicas, como al-Azhar, no Cairo, ensina-se que a versão ortodoxa do Alcorão que conhecemos é a vulgata reunida por Otman. Negá-lo seria blasfêmia. Ora, o versículo do apedrejamento não existe no Alcorão. São hadiths, frases de Maomé, de seus companheiros e de suas esposas, transcritas aproximadamente 150 anos após o desaparecimento deles, que evidenciam a existência daquele versículo. E isso basta para legitimar essa atroz condenação à morte.

Alá

El ou Al é um nome muito antigo dado pelas civilizações do Oriente Médio, mesopotâmicas, sumérias ou fenícias, ao deus superior, aquele que estava no topo da hierarquia divina. Dele provém o Elohim bíblico. Antes do nascimento do Islã, designava-se, em árabe, pelo nome de Ilá ou Elá, um deus igualmente superior, impessoal. Ilá também poderia significar um deus. Alá viria do acréscimo a Ilá do artigo Al, Al-Ilah, significando, assim, "o" deus? É perfeitamente provável. Como reação às violentas disputas trinitárias que agitavam o mundo cristão daquela época, o Deus do Islã desejou ser único e indiviso. Uma das últimas suratas do Alcorão, a de número 112 — logo, uma das mais correntes — se intitula "o monoteísmo puro". Ela "resume" Alá em quatro versículos: "Dize: Ele é o Deus Único. Deus, o eterno refúgio. Não gerou nem foi gerado. Ninguém é igual a Ele." Por outro lado, encontram-se dispersos no Alcorão vários outros versículos que lembram aquilo que o Islã chama de "unicidade de Deus" e que ele erigiu em dogma absoluto. Do mesmo modo, ele condena explicitamente o fato de associar outros deuses a Deus. O "associacionismo" é, para o Islã, o único pecado que jamais será perdoado por Deus, mesmo que Ele perdoe todos os outros pecados.

Em certo sentido, podemos dizer que Alá está mais próximo do Deus do Antigo Testamento. Do mesmo modo que o Deus bíblico, Alá é o criador de todas as coisas. Como Ele, não pode ser representado sob uma forma humana. Ele está muito além da humanidade. Ele é o Eterno, o Absoluto, onipotente e onisciente. Aliás, o Islã recusou toda representação humana, inclusive a do profeta ou de seus companheiros, uma proibição ligada ao medo de cair na idolatria das estátuas, e isso é claramente dito no Alcorão. Mas Alá, de certo modo, se quer mais perfeito que o Deus da Bíblia. Alguns exemplos: no Gênesis Deus criou o universo em seis dias e, no sétimo, repousou (Êxodo 31, 17). Ele estava cansado? Alá criou o universo em seis dias, mas diz o Alcorão, "sem fadiga alguma" (50, 38). Nos Salmos, Deus é assim interpelado: "Desperta! Por que dormes, Senhor? Acorda!" (44, 24). Ao que o Alcorão responde: "Nunca dorme e nunca cochila" (2, 255). Por outro lado, vemos diversas vezes o Deus da Bíblia se voltar contra seus fiéis ou cobrir a face: "Por que escondes tua face, esquecendo nossa opressão e miséria?" (Salmos, 44, 25). "Meu Senhor não erra nem esquece", replica Moisés no Alcorão (20, 52). O Deus bíblico que castiga Israel lhe envia a peste e, mais tarde, deseja destruir Jerusalém; mas, no momento em que o anjo exterminador se prepara para executar essa ordem, ouve-se: "Javé viu e se arrependeu desse mal" (1Crônicas, 21, 14). Para o Islã, é impensável que Deus, o Perfeito, se arrependa, o que significaria que agiu mal. Eu ainda poderia citar-lhes dezenas de traços humanos do Deus bíblico, traços tão humanos que são recusados pelo Alcorão em nome da Perfeição divina. Tomemos um último exemplo: na Bíblia, Deus vê Satanás se aproximar e lhe pergunta: "Donde vens?" (Jó, 2, 2). O Islã estima impensável considerar que Deus ignore o que quer que seja: "Ele conhece os segredos e o que está além dos segredos" (20, 7); "Possui as chaves do desconhecido, e só Ele as possui. E sabe o que há na terra e no mar. Nenhuma folha cai sem seu conhecimento" (6, 59). Em resumo, Alá se quer infalível, mais perfeito que o Deus da Bíblia. As afirmações bíblicas que eu lhes citei são consideradas blasfêmias pelos muçulmanos.

Qual é a natureza desse Deus? É uma pergunta que os muçulmanos não se fazem. Eles consideram que a essência de Deus é incompreensível ao homem. Em compensação, os muçulmanos reconhecem o que eles chamam de atributos de Deus, lembrados nos 99 nomes de Alá que são citados no Alcorão. Entre esses nomes, sem mencionar todos: o Rei, o Santificado, o Salvador, o Pacificador, o Protetor, o Dominador, o Orgulhoso, citados em sequência num único versículo (59, 23)! Tais nomes podem ser contraditórios: assim é que Alá é nomeado Aquele que rebaixa e Aquele que confere Poder e Consideração. Ele é o Bom, o Magnânimo, o que Tudo Perdoa, mas é também o Inquebrantável e Aquele que mata. Ele é aquele que Adianta e também o que Retarda etc. A tradição muçulmana afirma que aquele que repete esses nomes entrará no Paraíso. Ele castiga, mas, em momento algum, o Alcorão fala de vingança para qualificar suas punições. Ele prefere a palavra justiça. Alá é um Deus justo. E mais, um Deus misericordioso: 113 das 114 suratas do Alcorão começam, aliás, com a expressão "Em nome de Alá, o clemente e misericordioso". Ainda hoje, constatamos que muitos muçulmanos começam suas cartas (ou seus discursos) com essa frase.

No centro da prática muçulmana: a prece

Os muçulmanos mantêm com Deus uma relação de proximidade — já que o Islã considera que não pode haver intermediário entre o ser humano e seu Deus —, sem clero, sem intercessores. O muçulmano reza diretamente para Deus e o Alcorão repete que Deus ouve todas as preces. Os judeus são os mais legalistas dos crentes, mas eu creio que os muçulmanos são os que mais rezam. A palavra "*salat*" (prece), que, aliás, vem do siríaco "*slota*", aparece 65 vezes no Alcorão. A prece é um dos cinco pilares que exige que os crentes rezem para Alá cinco vezes por dia, virando-se na direção de Meca. A essas preces chamadas "canônicas", precedidas de abluções rituais, acrescenta-se toda uma gama de preces individuais: o nome de Alá é invocado, ele é um Deus de proximidade que os crentes invocam em qualquer circunstância para implorar ou agradecer. Pode-se dizer que as preces que os católicos dividem entre Deus, Jesus, Maria e os santos são todas dirigidas pelos muçulmanos a Alá, o Deus único e todo-poderoso! A prece fundamental de todo muçulmano, equivalente ao *Pai-Nosso* dos cristãos, é a primeira surata do Alcorão, aquela que se chama Fatiha, literalmente, a abertura. Ela é muito curta: "Em nome de Alá, o Clemente, o Misericordioso. Louvado seja Alá, Senhor dos mundos, o Clemente, o Misericordioso, o Soberano do dia do Julgamento. A Ti somente adoramos. Somente a Ti imploramos ajuda. Guia-nos na senda da retidão, a senda dos que favoreceste, não dos que incorrem na Tua ira, nem dos que estão desencaminhados."

8

Fé e razão: Os filósofos, a ciência e Deus

Alguns filósofos aderiram à ideia de deus ou de um Deus. Trata-se de crença religiosa ou fruto de reflexão filosófica? Em outras palavras, podemos ter acesso a Deus apenas pela via da razão? Essa pergunta capital ocupa toda a história da filosofia pelo menos até o século XIX!

Os filósofos gregos e Deus

Comecemos pelos gregos, que estão na origem do pensamento filosófico ocidental. Os pensadores gregos viviam num mundo muito religioso, impregnado de mitos e de crenças politeístas. O esforço filosófico visa justamente ultrapassar esses mitos e essas crenças para procurar a verdade com o auxílio da razão. Ao mesmo tempo, os filósofos da Antiguidade respeitam os deuses da cidade e alguns foram iniciados nos mistérios órficos ou de Elêusis, como já mencionei. Mas, como filósofos, o que dizem eles de Deus? O primeiro ponto, comum a todos, é que eles denunciam o caráter antropomórfico e imoral dos deuses do Olimpo. Eles se parecem demais com os humanos para que se possa acreditar neles, eles parecem, acima de tudo, ter herdado todos os vícios dos homens: devassidão, orgulho, espírito vingativo, embuste, inconstância. Se os deuses existem, eles são, ao contrário, perfeitos, e não têm nada a ver com os costumes volúveis dos homens. Sem paixão, sem desejo, eles se tornam, portanto, para certos filósofos, como Epicuro, modelos de sabedoria a serem imitados. Outros não acreditam na existência dos deuses, por mais perfeitos que sejam, o que não os impede de crer numa razão universal divina que governa o mundo e está presente também nos homens. Para os estoicos — corrente de pensamento greco-romano nascida no século IV antes de nossa era —, há identidade entre mundo e razão divina. É a doutrina panteísta (do grego *pan*, "todo", e *theos*, "deus"). A identidade entre o divino e o universo ou a natureza estará também no cerne do pensamento de alguns pensadores do Renascimento, como Baruch Spinoza.

Além dos estoicos, os pensadores que mais influenciaram a história da filosofia por meio do conceito do divino foram Platão e Aristóteles. Platão viveu na passagem do século V para o IV antes de nossa era. Discípulo de Sócrates, ele funda sua própria escola, a Academia. Em sua narrativa do nascimento do mundo (cosmogonia), o *Timeu*, ele evoca um deus bom, que modela o mundo a partir de uma matéria caótica preexistente. É difícil saber se Platão acredita nesse deus artesão ou se se trata de uma alegoria. A concepção do divino que ele desenvolve possui maior clareza, notadamente em *A república*. Existe um mundo divino das ideias (e das formas) ao qual o homem tem acesso pela razão, enquanto a realidade que observamos pelos sentidos é enganosa. O trabalho filosófico consiste, portanto, em sair da caverna, na qual vemos apenas sombras da realidade, para ascender ao verdadeiro conhecimento das ideias divinas, imutáveis e perfeitas, o Bem em si, o Belo, o Verdadeiro, o Justo etc. Platão explica ainda que a ideia de Bem é superior a todas as outras, que ela é "indefinível" e "além do ser". Evidentemente, os Pais da Igreja verão nesse "Bem Supremo" uma figura do Deus bíblico. Não há, contudo, em Platão, nenhuma ideia de revelação de um Deus pessoal, mas de um mundo divino, constituído de várias formas (o que hoje chamaríamos de "arquétipos") e ao qual ascenderíamos pela razão. Aristóteles, seu célebre discípulo, ficará vinte anos na Academia, até fundar o Liceu, sua própria escola. Ele é também o mentor do famoso Alexandre, o Grande. Como a maioria dos pensadores gregos, Aristóteles pensa que os corpos celestes (os planetas, as estrelas) são divinos porque perfeitos e não corruptíveis. Mas ele vai mais longe ao explicar em sua *Física* que, necessariamente, existe "um primeiro motor imóvel" que explica o movimento cósmico. Em sua *Metafísica*, ele afirma a bondade desse princípio primeiro, que ele qualifica como "ato puro" (sempre em relação de plenitude com o que pode existir) e de "causa final" de tudo o que existe, exercendo atração sobre todos os seres. A partir daí compreendemos por que Aristóteles fascinou tantos teólogos judeus, cristãos e muçulmanos. Ele forjou, por meio da razão, o conceito de um ser primeiro, "soberano Bem", que se parece muitíssimo com o Deus transcendente e bom da revelação bíblica e corânica. Ainda aqui, não se trata, para Aristóteles, de uma pessoa a quem se ora ou a quem se presta culto, mas de um princípio que podemos contemplar pelo *Noûs*, o intelecto divino que existe em nós. E em sua *Ética a Nicômaco*, o filósofo explica que a contemplação divina é a atividade que faz o homem mais feliz.

Cabe dizer uma palavra a respeito dos filósofos neoplatônicos, dos quais Plotino (que viveu no século II de nossa era) é o principal representante. Plotino afirma a existência de três princípios superiores a partir dos quais se origina o mundo sensível: o Uno, a Inteligência (o *Noûs*) e a Alma. O Uno é o princípio último. Ele é transcendente, imutável, perfeitamente bom e basta a si mesmo. A Inteligência emana do Uno como lugar do pensável, do inteligível, da verdade. Finalmente, a Alma emana da Inteligência como princípio de unidade e de animação do mundo sensível. Existe uma alma do mundo e uma alma própria a cada ser vivo. A concepção plotiniana do divino (o Uno) se distingue igualmente do monoteísmo clássico na medida em que ele é concebido como um princípio do qual emanam necessariamente outros princípios (a Inteligência e a Alma) que regem o mundo sensível, enquanto o Deus das religiões monoteístas é um ser que cria o mundo de maneira voluntária e livre; o criador e a criação são, consequentemente, distintos. Não é o caso do princípio divino de Plotino que é, ao mesmo tempo, transcendente e totalmente imanente ao mundo: ele está em toda parte.

Não existem, portanto, filósofos ateus na Antiguidade. Existem filósofos espiritualistas, como Platão, ou materialistas, como Epicuro, mas nenhum deles afirma com certeza que não há nenhum deus ou princípio divino. Epicuro foi acusado de ateísmo porque criticava o culto supersticioso dos deuses da cidade, mas, para ele, os deuses com certeza existiam. Eles eram simplesmente estranhos ao nosso mundo. Deveríamos tomar como exemplo a serenidade e a impassibilidade deles, mas não rezar para eles ou temê-los. Seu discípulo romano Lucrécio também escreveu páginas extremamente críticas sobre a religião. Nem por isso ele questionava a existência de deuses distantes. Até mesmo Pitágoras, que, de modo geral, é considerado ateu, era, de fato, agnóstico, já que declarava, a respeito dos deuses, que não era possível "afirmar que eles existem, nem que não existem". Repetindo, é importante distinguir os deuses, Deus e o divino dos filósofos da Antiguidade do Deus da Bíblia. Se Epicuro, Platão e Aristóteles tivessem conhecido o Deus bíblico, é possível que eles o tivessem achado humano demais para ser verdadeiro. A maior preocupação deles, como já expliquei, era sair da visão antropomórfica dos mitos para descobrir um princípio primeiro que escapasse à contingência do mundo, prontos para afirmar em seguida, como o faz Aristóteles, que pode haver certa identidade entre esse princípio superior, esse ser supremo, e "aquilo que as tradições religiosas chamam pelo nome de Deus". No entanto, a ideia da criação do mundo *ex nihilo* pela simples livre vontade de um Deus todo-poderoso, bom e onisciente, que se revela aos homens por intermédio dos profetas, é inteiramente estranha ao pensamento grego.

O que podemos reter na memória é que, para os filósofos gregos, a existência dos deuses ou de Deus é acessível à razão humana. Eles são mais pensadores do que crentes. Segundo eles, a razão humana pode levar a postular a existência de um mundo divino, simplesmente porque existe no homem uma centelha divina: quer seja o *noûs*, quer seja o logos. A contemplação — a Alma do mundo para os estoicos, o soberano Bem para Platão e Aristóteles, o Uno de Plotino — é, consequentemente, a mais nobre atividade humana.

Eclipse da filosofia antiga e crescimento da teologia cristã

A teologia cristã vai alterar totalmente, durante quase mil anos, a história do pensamento no Ocidente. A última grande escola filosófica da Antiguidade, a Academia platônica, é obrigada, pelo cristianíssimo imperador Justiniano, a fechar suas portas em Atenas, por volta do século VI de nossa era. Ela sobreviverá apenas um século a mais em Alexandria. Será necessário esperar pelo século XV e pela redescoberta dos textos gregos para que um pensamento filosófico independente da teologia cristã tente timidamente emergir mais uma vez na Europa. Nesse ínterim, a filosofia se torna "serva" da teologia. Utilizam-se seus conceitos, sua lógica, suas categorias para melhor compreender a revelação divina. O evangelho de João desde logo deu o exemplo, retomando o conceito de logos para aplicá-lo ao Cristo, em seu célebre prólogo: "No princípio era o Verbo, e o Verbo estava com Deus, e o Verbo era Deus." Vários Pais da Igreja seguem esse caminho, mas foi sobretudo no século XIII, com a redescoberta de Platão e de Aristóteles, principalmente por meio dos pensadores árabe-muçulmanos (Avicena, Averróis), que os teólogos cristãos desenvolvem sua ciência, inspirando-se nas categorias filosóficas desses dois grandes gênios da Antiguidade. São Tomás de Aquino, cuja *Suma teológica* é uma catedral do pensamento, sem dúvida cita pelo menos tanto Aristóteles quanto Santo Agostinho que, contudo, é a maior autoridade teológica para os pensadores da Idade Média. No entanto, ele o faz na perspectiva do crente: a filosofia perdeu sua autonomia, ela não busca mais a verdade, mas se coloca a serviço da Verdade revelada. Ao mesmo tempo, isso mostra a importância que o pensamento cristão concede à razão humana. Admitindo, embora, que Deus (entenda-se o Deus revelado na Bíblia) não pode ser plenamente alcançado senão pela fé, a teologia considera que a razão é um dom precioso de Deus, que permite descobrir sua existência e ajuda o crente a ser mais inteligente em sua fé e a compreender o mundo. Mas ela afirma também que a razão não pode nem deve em nada contradizer ou se opor à fé que lhe é superior, porque é dada por Deus para a salvação dos homens. De fato, o conflito entre fé e razão emergirá no Renascimento, quando os primeiros cientistas se libertarão da autoridade da Bíblia para tentar apreender o mundo exclusivamente através dos recursos da razão.

Fé e razão nos pensadores judeus e muçulmanos

O pensamento judeu antigo tem um eminente representante na pessoa de Fílon de Alexandria, que estabeleceu numerosas pontes entre a fé judaica e a filosofia grega. O maior pensador judeu da Idade Média, Maimônides, afirma, no século XII, que o conhecimento de Deus pela razão é impossível. Apenas a fé permite acompanhar o "rastro" de Deus. Mas ele afirma também, como os teólogos cristãos, que a razão permite perceber Deus por suas obras e que não é bom estudar a metafísica, a astronomia, a medicina, a física etc., como saberes que nos informam sobre as leis do mundo criado por Deus. Encontramos essa incitação ao uso da razão entre os grandes pensadores muçulmanos medievais fortemente influenciados pela filosofia de Platão e, sobretudo, pela de Aristóteles, antes de transmitir esse gosto aos teólogos cristãos. Eles utilizam as categorias conceituais forjadas pelos filósofos gregos para falar não apenas do mundo criado, mas também dos atributos divinos. Um dos mais célebres dentre eles, o filósofo andaluz Averróis, contemporâneo de Maimônides, diz que "o verdadeiro não pode contradizer o verdadeiro" para justificar seu duplo estudo: o da revelação corânica e o da filosofia de Aristóteles, que ele aceita como duas expressões diferentes da verdade.

Descartes, Leibniz e as "provas" da existência de Deus

Os filósofos do Renascimento se apaixonam pela filosofia grega, especialmente pela neoplatônica, mas ainda permanecem ligados ao pensamento cristão dominante. É com Descartes, embora um filósofo profundamente crente, que a filosofia vai começar a se emancipar da teologia e avançar com novas bases. Descartes pretende fazer tábua rasa do passado, sair do pensamento escolástico medieval, mistura ruim de filosofia e teologia, para refundar o conhecimento com base na experiência. Ele vai, então, estabelecer um novo método que permite buscar o verdadeiro sem nenhum *a priori*. Em sua busca pela verdade, sua preocupação é tornar a razão o mais eficaz possível e, para isso, começa liberando-a da tutela da fé. Essa atitude, que hoje pode nos parecer natural, no século XVII é revolucionária e beneficiará não apenas o desenvolvimento da filosofia moderna, mas também o da ciência. Ele ainda se mantém, contudo, tão impregnado da metafísica cristã — e nisso se resume o paradoxo de Descartes — que não pode deixar de buscar racionalmente a prova da existência de Deus, o que se chama de "prova ontológica". Deus é pensado como o ser mais perfeito que existe. Ora, como é mais perfeito existir do que não existir, daí decorre necessariamente que Deus existe, logo, o simples pensamento de Deus como ser perfeito implica sua existência! O argumento jamais me convenceu, e não tenho certeza de que tenha convencido muita gente, mas Descartes lhe conferia um valor pelo menos tão grande quanto o de uma demonstração matemática. Depois dele, muitos outros filósofos tentarão provar a existência de Deus. O mais célebre deles é Leibniz, que tenta introduzir uma prova mais elaborada, chamada de "prova cosmológica". Levando-se em conta o princípio de "razão suficiente" segundo o qual nada existe sem prova, ele explica que o mundo é contingente, não necessário, o que postula a existência de uma causa exterior a ele mesmo. Chega-se, portanto, a apresentar como causa do mundo a existência de um ser não causal, que não necessita de motivo, e é esse ser absolutamente necessário que chamamos de "Deus". Esse argumento tem certa força. Mas por que seria necessária uma razão suficiente, uma causa para tudo? Podemos dizer, de fato, que a fraqueza desse argumento é seu próprio postulado. Podemos/conseguimos imaginar uma série de causas e efeitos que remontem ao infinito sem que jamais exista necessariamente um ser na origem de tudo. É o que pensam, por exemplo, os budistas: a lei da causalidade (o karman) opera por toda parte e sempre, mas ele não tem começo.

Ainda seria necessária uma explicação para a terceira grande prova da existência de Deus, formulada pelos metafísicos: a "prova psicoteológica". Ela parte da observação da ordem e da complexidade do mundo e chega a uma conclusão pela necessidade de uma inteligência criadora e ordenadora. Sem dúvida alguma é o argumento mais pertinente e ao mesmo tempo mais simples, pois todos nós podemos constatar a beleza do mundo, sua harmonia e sua complexidade. Alguns concluirão que nada disso pode ser fruto do acaso, que não há necessariamente uma inteligência superior na origem do universo. Esse argumento de grande força, já utilizado por Platão e pelos estoicos, é retomado por numerosos pensadores deístas dos séculos XVII e XVIII, começando com Voltaire: "O universo me intriga, e eu não posso pensar que este relógio exista e não tenha relojoeiro." Ele surge com novas características em nossos dias, com a descoberta do Big Bang e os progressos da astrofísica, em forma de "design inteligente": a extraordinária ordem das leis físicas que permitiram o desenvolvimento da vida na Terra e o aparecimento do cérebro humano comprova um desígnio, um plano preestabelecido, logo, uma inteligência criadora.

A questão do mal

Adiante, quando eu abordar a questão da ciência em face de Deus, voltarei a falar dos debates que essa tese provoca, mas desde já aponto uma insuficiência da prova psicoteológica: no mundo, não existe apenas beleza, ordem e harmonia; há também desordem, contingência, acaso, mal, horror. Por que um ser absolutamente bom e perfeito teria criado um mundo tão imperfeito, por mais belo que seja sob muitos aspectos? A existência do mal, das catástrofes naturais, dos genocídios ou até mesmo o sofrimento de uma criança inocente, como dizia Camus, bastam para tornar esse argumento insustentável. Como os metafísicos e os teólogos respondem à questão do mal? Leibniz não ignorou a objeção. Em seus *Ensaios de teodiceia* (1710), ele aborda diretamente a questão: como compreender, se Deus existe e é bom, que haja tanto mal, maldade, horror, miséria sobre a terra? Porque o mundo não é Deus, ele não pode ser perfeito. Porque o homem é livre, sempre poderá escolher fazer o mal. E Leibniz, que também é matemático, tenta mostrar que Deus escolhe, entre inumeráveis mundos possíveis, com todas as suas combinações de bens e de males, de sombra e de luz, o mais perfeito dos mundos possíveis. Voltaire caçoará dele em seu *Cândido* (1759) por intermédio da figura do Professor Pangloss, que não para de repetir, quando tudo vai mal: "Tudo vai pelo melhor, no melhor dos mundos possíveis!" Mas o argumento de Leibniz está longe de ser tão irenista quanto parece. Podemos, de fato, imaginar que Deus tenha escolhido o que havia de melhor dentro do que era possível, levando-se em conta as exigências da criação: leis do universo físico, ligação do espírito e da matéria, as contingências do tempo e do espaço, o livre-arbítrio do homem etc. Essa ideia é expressa de diversos modos por diversos pensadores judeus ou cristãos. A cabala judaica, com sua teoria do *Tsim-tsum*, explica que com seu ato criador, Deus se esvaziou de sua divindade, retirou-se do mundo a fim de que outra coisa pudesse existir. Ao criar, Deus aceita não ser tudo, ele se diminui a fim de permitir que o mundo e os outros seres existam. O mal existe, portanto, necessariamente em razão desse necessário estado de imperfeição que é o mundo. Porque, se ele fosse perfeito, o mundo seria Deus, e nada poderia existir fora dele. A filósofa Simone Weil retoma esse argumento, desenvolvendo o tema já lembrado por São Paulo em sua epístola aos Filipenses (2, 7): o do esvaziamento de Deus (*Kenosis,* em grego) por meio do mistério do Cristo que, sendo "de condição divina", se "esvaziou" até se tornar homem e morrer na cruz. Esse rebaixamento de Deus mostra que ele renuncia aos seus atributos de onipotência para tomar a si o mal, por meio da paixão do Cristo.

Não deixa de ser verdade que, quando confrontados com o sofrimento em toda a sua violência, esses argumentos teológicos pareçam vãos. O argumento do livre-arbítrio não convence porque muitos males não provêm do homem, mas da natureza: doenças, tremores de terra etc. Certamente poderíamos considerar, como alguns pensadores gregos, a existência de um mundo divino impessoal indiferente aos homens. Mas de que maneira podemos conciliar a ideia bíblica de um Deus todo-poderoso e inteiramente bom, que cuida dos homens, quando vemos uma criança morrer em atrozes sofrimentos, ou centenas de milhares de pessoas, com vidas tão diferentes, perecerem ao mesmo tempo num cataclismo? Nesse caso, onde estão a bondade e a justiça, atributos fundamentais do Deus revelado? Epicuro apresentou bem o problema: ou Deus quer eliminar o mal e não pode, e assim, ele é impotente; ou ele pode, mas não quer, e assim ele é mau; ou ele não pode e não quer, e ele é impotente e mau. E ele conclui: "Se ele pode e quer, o que convém apenas a Deus, de onde vem, então, o mal, ou por que Deus não o suprime?" (*Ensaios de teodiceia*).

Diante de tais objeções, a grande resposta das religiões é o além. Afinal, elas não têm outra saída a não ser postular a existência de outra vida no além deste mundo, onde a bondade e a justiça de Deus se exprimirão plenamente e consertarão o que os erros da natureza ou da vontade humana estragaram. Em outras palavras, só podemos compreender a vida neste mundo tendo como referência uma existência superior, que nos espera após a morte. Essa crença não é exclusiva dos monoteísmos. Assim como outros pensadores gregos, Sócrates acreditava na imortalidade da alma e numa vida bem-aventurada após a morte. Como eu já disse, ele até mesmo garantiu aos discípulos que suportava a injustiça de sua condenação à morte e mantinha sua alma firme e serena porque esperava encontrar-se depois da morte em companhia dos deuses e das almas virtuosas. Platão, em seu famoso mito de Er (*República*, X), enuncia a hipótese da reencarnação. Essa crença numa sucessão de vidas é partilhada não apenas pelos budistas e hindus, mas também por numerosos povos de religião de tipo xamanista. A crença na transmigração das almas tem a vantagem de explicar por que determinada pessoa tem sorte enquanto outra é esmagada pela infelicidade: uma e outra colhem os frutos positivos ou negativos dos atos cometidos em vidas anteriores. A interrupção brutal de uma vida (notadamente a morte de uma criança de pouca idade) também não constitui problema, já que lhe será dada uma nova oportunidade numa existência posterior. Enquanto os monoteísmos — que afirmam que cada ser humano vive apenas uma vez antes de ressuscitar no além — não têm resposta satisfatória para estas perguntas: que sentido pode ter a vida de uma criança morta com pouca idade, antes mesmo que tenha podido expressar sua personalidade e exercer seu livre-arbítrio? Por que alguns homens são esmagados pela infelicidade e outros, cumulados pela vida?

A aposta de Pascal

A célebre aposta de Pascal é uma prova da existência de Deus? Muitas vezes se pensa isso, mas, de fato, não é verdade. No século XVII, Pascal, ao contrário, tem certeza de que a razão não pode alcançar Deus. Ele se opõe a Descartes e aos metafísicos, lembrando que Deus só pode ser objeto de fé. O Deus dos filósofos o faz sorrir. Ele crê no "Deus de Abraão, de Isaac e de Jacó", no Deus que se revela na Bíblia, e que acolhemos no coração e não pela razão. Pascal, tanto um espírito científico quanto um filósofo genial, é antes de tudo um fervoroso cristão que ficou impressionado com Jesus. Ele viveu de maneira solitária durante boa parte de sua breve existência, junto aos jansenistas do convento de Port-Royal. Consequentemente, ele insiste na dimensão afetiva da fé. Deus fala, a princípio, ao coração, e a única prova que se pode rigorosamente apresentar de sua existência não é um argumento racional: é a santidade absoluta do Cristo e a grandeza dos santos. A fé se baseia num testemunho que toca o coração e não numa explicação lógica. Sua aposta não é de modo algum uma prova lógica da existência de Deus. Pascal se dirige aos libertinos, àqueles que afirmam que uma vida dedicada aos prazeres é melhor que uma vida conforme a moral cristã. Ele quer lhes mostrar, a partir de um argumento racional, que, ao contrário, seria do interesse deles viver em conformidade com os preceitos da religião. Para isso, ele lhes propõe uma aposta, mas uma aposta perfeitamente sensata, já que repousa no cálculo das probabilidades, um novo ramo da matemática que ele acaba de inventar. Uma aposta é vantajosa se o ganho razoavelmente possível é mais significativo que o investimento inicial, por exemplo, se eu aposto dez euros com a possibilidade de ganhar cem euros. Pascal aplica esse raciocínio à vida humana, considerando a existência terrestre como aquilo que se aposta e a vida eterna e bem-aventurada como o ganho da aposta. Partindo do princípio de que não podemos provar que Deus existe, mas que há uma em duas possibilidades de que ele exista, ele afirma que é infinitamente mais razoável e vantajoso apostar na existência de Deus e viver como cristão de modo a ganhar a vida eterna, do que apostar na não existência de Deus e viver como libertino, correndo o risco de perder a vida eterna. Em outras palavras, com uma aposta finita, temos uma possibilidade em duas de ganhar o infinito, logo, muito mais a ganhar do que a perder. É evidente que Pascal não fundamentou sua vida em semelhante aposta, uma vez que ele estava convencido de que a fé era um dom de Deus e de que a salvação se obtinha pela graça divina. Mas, com esse argumento, ele pretendia desestabilizar o discurso dos libertinos, que afirmavam que se tem tudo a ganhar e nada a perder ao se buscar apenas os gozos desta vida.

O deísmo das Luzes

Quanto aos filósofos das Luzes, que criticam a religião, mas entre os quais muito poucos são ateus, que concepção têm eles de Deus? A maioria é deísta, um pouco à semelhança dos filósofos da Antiguidade. Quer dizer que eles creem na existência de um princípio criador que ordena o universo, mas não num Deus pessoal que se revela aos homens pelos profetas e pelos textos sagrados (o teísmo). A maioria critica violentamente o teísmo como uma superstição inventada pelos sacerdotes para apoiar seu poder. Os filósofos das Luzes são, portanto, antes de tudo anticlericais e recusam a ideia de uma revelação, de uma moral vinda do céu, de um povo eleito por Deus (o que faz com que, às vezes, sustentem de maneira violenta um discurso antissemita). Embora admitam Jesus e sua mensagem, eles o consideram mais um sábio, um moralista excepcional do que o filho de Deus. É preciso dizer que os pensadores das Luzes aparecem no século XVIII numa Europa ferida por quase duzentos anos de guerras sangrentas entre católicos e protestantes. O principal objetivo deles é sair do mundo das guerras de religião. O inimigo a ser abatido é a intolerância, o fanatismo que faz com que os homens se matem entre si em nome de suas crenças religiosas. O ateísmo militante que começa a surgir é, aliás, bastante malvisto, pois é percebido como demasiadamente intolerante. Assim é que Locke considera que os ateus são tão perigosos para a cidade quanto os católicos romanos porque são igualmente dogmáticos! Quer sejam cristãos, deístas, maçons (que, na época, se dividem entre cristãos teístas e deístas), mais raramente judeus (Mendelssohn) ou ateus (Diderot), os filósofos das Luzes creem na universalidade da razão e do progresso. Eles militam para que o homem se emancipe da ignorância e do fanatismo através do uso da razão e da criação de instituições estatais e jurídicas que preservem a liberdade de consciência e de expressão dos indivíduos. São os intelectuais militantes da democracia moderna e dos direitos do homem. Por isso a sua luta implacável contra a religião e, especialmente, a religião católica, que era muito mais refratária a tais ideias que o protestantismo, por natureza mais democrático e secular.

No que se refere à relação entre fé e razão, eles não concordam. Vimos que alguns, como Voltaire, pensam que a razão leva a propor a existência de um "relojoeiro", quer dizer, um "grande arquiteto do universo". A expressão alcança, aliás, bastante sucesso na maçonaria, sociedade secreta nascida no início do Século das Luzes e que exprime seus principais ideais: deísmo liberto da superstição religiosa, moral racional, espírito de fraternidade, fé no progresso da humanidade e, ainda, iniciação espiritual por meio de um abundante universo simbólico. Todos os pensadores das Luzes não estão, porém, convencidos de que a razão possa alcançar a existência de Deus. O mais ilustre deles, Emmanuel Kant, atinge decisivamente a metafísica, publicando sua magistral obra *Crítica da razão pura* (1781). O livro pretende responder à pergunta: "O que sei?" Kant mostra que a razão não pode provar que Deus existe, nem que ele não existe. Esse ponto faz com que haja um antes e um depois de Kant na história da filosofia. O quadro metodológico que ele aplicou à questão é tão rigoroso e suas conclusões, tão convincentes, que todo pensador posterior a ele que afirma deter uma prova da existência ou da não existência de Deus parece suspeito. Não se trata de não podermos nos convencer de uma ou de outra afirmação, mas Kant distingue perfeitamente os diferentes registros que são a opinião, a fé (ou a convicção) e a prova. Ora, a questão de Deus pertence sempre ou à opinião (se ela tem fraca sustentação) ou à fé/convicção (se é fortemente sustentada). A religião, bem como o ateísmo, pertence, portanto, à opinião, à fé ou à convicção íntima, quer dizer, à *crença*, mas nunca ao *saber*, que não pode oferecer senão proposições universalmente verdadeiras e demonstráveis a todos.

Deus e a ciência

O que me leva, naturalmente, a fazer a mesma pergunta a respeito da ciência: ela pode provar a existência ou a não existência de Deus? Kant trouxe uma redefinição luminosa e preciosa do conhecimento, mas vários pensadores já haviam claramente distinguido a crença do saber, a ordem da religião e aquela da ciência. Nós evocamos esse aspecto com Pascal, que era ao mesmo tempo um grande crente e um grande cientista, mas era também o caso de Galileu, que afirmava que a ciência e a religião respondem a duas perguntas de ordens diferentes e que, portanto, não poderiam entrar em conflito. A religião nos diz "como se deve ir para o céu", enquanto a ciência nos diz "como vai o céu". Afinal, ele foi condenado pela Igreja justamente porque a Igreja, na sua época, ainda confundia ciência e religião e pensava que a Bíblia dizia a verdade a respeito de tudo, inclusive sobre as leis da natureza. O caso Galileu terá como consequência a atualização de tal questão, já que a Igreja católica, hoje, admite perfeitamente que seu campo de competência se limita ao que se refere à salvação, e que a Bíblia, que afirma, por exemplo, que Deus criou o mundo em sete dias, não é obra com pretensão naturalista ou científica. Existe, contudo, nos Estados Unidos, no movimento evangélico, mas também no mundo judeu e muçulmano, uma corrente fundamentalista que, em nome de uma leitura literal da Bíblia ou do Alcorão, rejeita algumas teorias científicas aceitas por todos. A teoria darwinista é um bom exemplo. Ela não é ensinada em muitas escolas religiosas nos Estados Unidos, notadamente porque ela invalida as Sagradas Escrituras, afirmando uma continuidade entre o mundo humano e o mundo animal. Para os criacionistas, se o homem descende do macaco, ele não foi diretamente criado por Deus, como afirmam a Bíblia e o Alcorão.

O design inteligente

O que pensar da teoria do "design inteligente" que alguns consideram a prova científica da existência de Deus? Existem duas versões do *intelligent design*, e a confusão entre as duas polui consideravelmente o debate. A versão "hard" é próxima das teses criacionistas que acabamos de lembrar: ela afirma que Deus criou o homem por intervenção direta. Mas, contrariamente ao criacionismo, ela não nega o essencial da teoria darwinista da longa evolução das espécies. Ela afirma, simplesmente, que as leis da natureza não bastam para explicar as mutações fundamentais que são o aparecimento da vida e do homem. Em outras palavras, uma inteligência criadora deu uma ajudinha à natureza nos momentos cruciais da evolução. O homem descende de muitos outros animais, mas sem intervenção divina, seu cérebro, de extrema complexidade, não teria podido se desenvolver. Essas teses neocriacionistas se desenvolveram no início dos anos 1990 em torno do Discovery Institute, em Seattle. Existe outra versão do design inteligente, muito mais *soft*, que não apela para uma intervenção divina específica ao longo da evolução: a do "princípio antrópico". Essa tese nasceu no início dos anos 1980, quando potentes computadores, que permitiam a simulação da evolução do universo, começaram a ser montados. Então, notou-se que, se quaisquer das constantes fundamentais fossem modificadas, o universo desmoronaria e não haveria possibilidade para o desenvolvimento da vida e do homem. Alguns pesquisadores deduziram daí o princípio antrópico (do grego *anthropos*, "homem"), segundo o qual o universo é concebido desde o início para favorecer o desenvolvimento da vida e do cérebro humano, ao término de um longo processo de crescente complexidade. Partindo, assim, da constatação de que o cosmos tende ao aparecimento do homem, essa tese pretende reintroduzir no interior da ciência a questão (mas não a resposta) de um princípio criador. Nos dias de hoje, ela é defendida por alguns cientistas, por exemplo, o astrofísico Trinh Xuan Thuan. Ele afirma que, "se aceitamos a hipótese de um único universo, o nosso, devemos postular a existência de uma causa primeira que regulou desde o início as leis físicas, as condições iniciais para que o universo tomasse consciência de si mesmo. A ciência jamais poderá distinguir essas duas possibilidades: o universo único com um criador ou uma infinidade de universos sem criador". Os cientistas admitem esse fato, mas, em sua grande maioria, adotam a segunda hipótese formulada por Trinh Xuan Thuan: a existência de uma infinidade de universos, todos com características diferentes. E, por acaso, nós estaríamos no único, ou num dos únicos, com as características necessárias para o desenvolvimento da complexidade. É, por exemplo, o que afirma Stephen Hawking em *O grande projeto* (2010). Mas, como Trinh Xuan Thuan, ele também não apresenta provas de que sua hipótese é a correta. Um único universo orientado por um princípio inteligente? Uma multidão de universos sem propósito e entregues apenas ao acaso? Não sabemos, apesar dos avanços prodigiosos do conhecimento científico. Como pensava Kant, a questão da existência de Deus ou de um princípio criador permanece certamente uma questão de crença, não de conhecimento.

9

O ateísmo

Antes de abordar a questão do desenvolvimento do ateísmo no Ocidente moderno, três explicações me parecem necessárias. Inicialmente, jamais saberemos o que as pessoas pensavam em seu íntimo durante os milênios passados. Em sociedades fundadas em crenças coletivas, quer na Antiguidade politeísta, quer na Idade Média cristã, o indivíduo que rejeitava a fé comum corria perigo. Sócrates foi acusado de impiedade e Jesus morreu por ter denunciado os desregramentos da religião de seu tempo. Ora, eles eram profundamente religiosos! Se era tão arriscado criticar a religião, era impossível declarar-se ateu, rejeitar o culto a Deus ou aos deuses sem ficar sujeito à morte ou ao banimento. Tal coisa perdurou na Europa até o século XVIII e, na Espanha, até o século XIX — a última vítima da Inquisição espanhola foi um professor primário deísta, enforcado em Valença, no dia 26 de julho de 1826. Se a liberdade de consciência e de expressão existisse, sem dúvida haveria inúmeros testemunhos de ateísmo.

Segunda observação: é difícil saber se podemos classificar os pensadores panteístas na categoria do ateísmo. Os estoicos podem ser considerados ateus? Talvez, na medida em que eles não aderem à ideia de um Deus criador externo ao mundo. Todavia, eles creem num logos, numa razão universal que governa um mundo que é bom e perfeitamente ordenado, o que não está longe da concepção monoteísta da providência divina. Spinoza é ateu? Certamente ele rejeita a origem divina da Bíblia e os dogmas religiosos. Ele identifica explicitamente Deus com a natureza (*Deus sive natura*) e rejeita a ideia de um Deus pessoal no sentido bíblico, mas sua filosofia repousa na ideia de imanência divina, o que está na antípoda de um puro materialismo. Em lugar de reduzir Deus à matéria, Spinoza opera de preferência com a transmutação da realidade física em substância divina.

Terceira observação importante: falamos de Ocidente. Ora, como vimos anteriormente, existem civilizações inteiras, na Ásia, sobretudo, em que está ausente a ideia de Deus enquanto pessoa que se revela como princípio criador. Existe, então, nessas culturas, um "ateísmo de fato", que não é a negação racional ou virulenta de Deus, como é o caso na Europa ao final das Luzes, mas simplesmente uma religiosidade que se manifesta de outro modo que não seja pela crença em Deus. Mesmo o budismo, que se apresenta correntemente nos dias de hoje no Ocidente como uma filosofia ateia, não se preocupa com Deus. O Buda não nega a existência de um ser criador; ele simplesmente afirma que a existência de tal ser é inacessível à razão e à experiência, e que é melhor se preocupar em cuidar do sofrimento existencial do que especular sobre questões metafísicas. Certo dia, o monge Culamalukyaputta interroga o Buda sobre Deus, o universo, a origem do mundo e o ameaça de deixar a comunidade se não obtiver respostas para essas questões. O Buda responde contando-lhe esta parábola: um homem é ferido por uma flecha envenenada e exige, antes de ser tratado, ser informado do nome e da casta do arqueiro, da distância em que ele se encontrava, bem como da madeira de que a flecha era feita. O homem morre antes de ter conseguido resposta para suas perguntas. Em vez de especular em vão — diz o Buda —, retiremos a flecha, encontremos a natureza do veneno e seu antídoto, em seguida, fechemos a ferida. Perder tempo em especular sobre a natureza do Absoluto não tem utilidade alguma para quem vai ser salvo. A assimilação entre budismo e ateísmo foi feita no meado do século XIX, quando os primeiros textos fundamentais dessa tradição finalmente foram traduzidos do pali e do sânscrito. Como bem demonstrou Roger-Pol Droit em *Le Culte du néant* [O culto do nada] (1997), os intelectuais ocidentais se valem do budismo para louvá-lo ou criticá-lo, caso fossem ateus, ou cristãos, projetando nele o ateísmo que então emergia na Europa.

Os primeiros pensadores ateus do século XVIII

O primeiro ateu europeu é perfeitamente identificável e se trata de um sacerdote! O abade Jean Meslier, cura de Étrépigny, uma aldeia das Ardenas. No ano de sua morte, 1729, Voltaire publica seu "testamento", um texto ferozmente antirreligioso. Mais tarde, porém, será descoberto o texto integral que Voltaire censurou. Ele se intitula *Mémoires des pensées et sentiments de Jean Meslier* [Memórias dos pensamentos e dos sentimentos de Jean Meslier], que é bem mais que um panfleto contra a religião. É um verdadeiro tratado argumentativo, que nega a possibilidade de qualquer divindade e afirma a realidade exclusiva da matéria. Meslier era um ateu e um materialista, o que era demais, até mesmo para Voltaire! É preciso esperar 1768 e a publicação de *La Contagion sacrée* [O contágio sagrado], do barão d'Holbach, para se ter outro proferimento de ateísmo.

Filósofo das Luzes e cientista, d'Holbach vai muito mais longe que seus pares e recusa tanto o teísmo como o deísmo, afirmando serenamente que o ateu é "um pensador que destrói as quimeras prejudiciais ao gênero humano para conduzir os homens de volta à natureza, à experiência, à razão". Seria necessário também citar Diderot, pensador e escritor talentoso, decididamente materialista e ateu. Tendo sido aprisionado na Bastilha com a idade de 36 anos, a partir daí ele evitou cuidadosamente publicar suas obras mais críticas em relação à religião. A maioria delas foi publicada bem depois de sua morte, em 1784. Esses pioneiros permanecem, portanto, bem isolados.

A morte de Deus

Na verdade, é somente no século XIX, num contexto de desenvolvimento do saber e de emancipação da sociedade em relação à religião, que o ateísmo se espalha, e que se desenvolve um pensamento que nega explicitamente a existência de Deus. Quem são, então, os "assassinos" de Deus? Nietzsche aborda explicitamente essa questão quando fala da "morte de Deus". Foram homens sem religião ou oriundos de outras religiões que não o cristianismo que mataram Deus? Não — ele responde —, foram os cristãos, os "herdeiros". Depois de ter matado os deuses antigos em proveito de um único Deus, o judeo-cristianismo se torna o "coveiro" de seu Deus. Como? Desmascarando-o graças à "agudeza da consciência cristã refinada pelo confessionário, traduzida e sublimada em consciência científica, até a nitidez intelectual a qualquer preço" (*A gaia ciência,* 1882). À custa de introspecção, de exercício do espírito crítico para consigo mesmo, a razão se aprimora e acaba descobrindo, ao término de um processo secular, que Deus não existe, porque ele não é crível.

Nietzsche tomou de empréstimo a chocante expressão "morte de Deus" ao poeta alemão Johann Paul Friedrich Richter, que escrevia sob o pseudônimo de Jean Paul. Ele vai lhe dar um sentido muito forte ao mostrar a amplitude da "catástrofe" que significa o fim de todo um sistema de valores herdado da fé cristã e, mais longe ainda, do judaísmo e do platonismo. O ateísmo é, portanto, para Nietzsche, a conclusão última do cristianismo, "a catástrofe que exige o respeito de uma disciplina duas vezes milenar tendo em vista a verdade, que finalmente se proíbe a mentira da fé em Deus" (*A gaia ciência*).

Isso se associa à célebre fórmula de Marcel Gauchet: "O cristianismo é a religião da saída da religião." A análise de Marcel Gauchet desenvolve com outros argumentos a intuição nietzschiana. O título do livro de Gauchet, *Le Désenchantement du monde* (1985) [O desencantamento do mundo], do qual essa fórmula foi extraída, veio de uma expressão do sociólogo Max Weber que significa literalmente a "desmagificação do mundo" (*Entzauberung der Welt*). Weber mostrou que o judaísmo e em seguida o cristianismo tinham acelerado o processo de "racionalização" que fez com que o mundo perdesse sua aura mágica. O mundo não era mais um jardim encantado recortado de fluidos e habitado por espíritos, mas a criação ordenada de um Deus único que ensinava um modo racional de viver por meio da ética. Enquanto Weber insiste na desmagificação do mundo, Nietzsche, partindo da mesma ideia, faz com que ela chegue à desmistificação de Deus. Esses dois fenômenos foram produzidos por um processo inerente ao judeo-cristianismo que se virou contra si mesmo. É por isso que, com efeito, pode-se dizer que o cristianismo foi a "religião da saída da religião". Pode parecer surpreendente que uma religião traga em si os germes de sua autodestruição. Certamente, se examinarmos a religião apenas do ponto de vista institucional e cultural! Mas, como Nietzsche e Weber apontam, o judaísmo e o cristianismo também favoreceram o desenvolvimento da razão e da introspecção crítica. Aquilo que, no início, servia à fé, um dia se emancipou dela. Eu tentei mostrar em meu livro *Le Christ philosophe* [O Cristo filósofo] que não é por acaso que a modernidade e seus principais valores de razão crítica e de autonomia do sujeito nasceram no Ocidente, e não na China, ou no Império Otomano. O motivo para isso foi que o Ocidente era cristão e o cristianismo, a despeito da ascendência da Igreja sobre a sociedade, desenvolveu no mais alto grau a racionalidade e também as noções de igualdade, de fraternidade, ou de respeito da dignidade humana, sobre as quais se apoiarão os direitos do homem, esvaziando a fonte religiosa dessas noções evangélicas e se emancipando da tutela das instituições religiosas que, em grande parte, as terão renegado ao longo da história. Por mais paradoxal que possa parecer à primeira vista — tanto a religião cristã se opõe à modernidade nos espíritos europeus (mas muito menos nos americanos) —, a modernidade ocidental nasceu da matriz cristã (ela própria influenciada pelo judaísmo e pelo platonismo) da qual se emancipou antes de se voltar contra ela. Um verdadeiro thriller!

Nietzsche contra Kant

Voltando a Nietzsche, o filósofo não se contenta em anunciar a morte de Deus, em denunciar a impostura de um Deus "incredível, porque demasiado humano". Ele procura mostrar suas últimas consequências, o que ele chama de "catástrofe". Porque, se Deus não existe, se todo o sistema de um "arrière-

-monde" [um além-mundo] no qual se pretendia fundar a verdade desde Platão é um engodo, se existe apenas este mundo, o corpo e não a alma, o visível e não o invisível, então também toda a moral judaico-cristã desmorona, e serão precisos vários séculos para tomarmos consciência disso, a tal ponto que as consequências são inimagináveis: "A moral decai. É o grande espetáculo em cem atos, reservado aos dois próximos séculos na Europa. O mais temível, o mais problemático e talvez também o mais rico em esperança de todos os espetáculos" (*A genealogia da moral,* 1887). Nietzsche afirma ainda que a moral humana herdada das Luzes é apenas uma impostura destinada a retardar a catástrofe. Isso porque se baseia nos mesmos princípios da moral bíblica que ela apenas "laicizou", substituindo sua fonte de obrigação, Deus, pela razão. Nietzsche denuncia, por exemplo, energicamente, a teoria kantiana. Porque, se Nietzsche aplaude a condenação à morte da metafísica operada por Kant em sua *Crítica da razão pura*, ele condena o resgate da moral operado em *Os fundamentos da metafísica dos costumes* (1785) e em *Crítica da razão prática* (1788)! A *Crítica da razão pura* pretendia responder à pergunta: "O que sei?" De fato, vimos que Kant circunscreve perfeitamente o campo do saber, e dele exclui a questão da existência de Deus. Em *Fundamentos da metafísica dos costumes,* porém, publicado quatro anos após *Crítica da razão pura*, Kant pretende responder à pergunta: "O que devo fazer?" Ele procura expor o fundamento de uma moral que não depende da experiência, da tradição ou da educação, sendo todas essas coisas necessariamente relativas e contingentes. Uma ética pura, universal, que determina a necessidade de nosso dever. Ora, para Kant existe uma lei moral simples que se impõe a todos de modo imediato: "Aja somente de acordo com uma máxima que você possa desejar que se torne uma lei universal." Em outras palavras, para que minha ação seja moral, eu devo poder transformar a regra que me faz agir numa lei válida para todos. Por exemplo, se eu hesito em dar falso testemunho, sei que meu ato não será moral, pois não posso tornar universal a regra segundo a qual se deve mentir, do contrário, nenhum outro testemunho tem sentido, e a vida em sociedade se torna impossível. Posso, portanto, dar um falso testemunho por interesse pessoal ou para proteger um amigo, mas em hipótese alguma meu ato será moralmente lícito. Kant chama essa lei moral universal que supostamente se impõe a nós de "imperativo categórico". Ora, para Nietzsche, o imperativo categórico kantiano é uma invenção grosseira, "*un tour de passe-passe*" [uma ilusão] que visa substituir o Decálogo divino, e que só serve para retardar a etapa que segue à da morte de Deus: o desmoronamento da moral. Os europeus ainda não são capazes de assumir o assassinato de Deus e sua consequência última: a necessidade de refundar uma moral "para além do Bem e do Mal".

Nietzsche revelou as chaves dessa nova moral? Não, porque Nietzsche é antes de tudo um desconstrutor. A leitura de sua obra é apaixonante, pois ela possui uma inspiração e um estilo incomparáveis, mas não oferece um projeto de reconstrução coerente para a filosofia. Ele mostra os impasses do pensamento, denuncia com talento as imposturas religiosas, ironiza de modo jubiloso os desvios de uns e de outros, mas ele mesmo não sugere um projeto filosófico coerente. Aliás, ele se contradiz, afirma algo e seu contrário, e o assume plenamente. Para mim, Nietzsche é mais um visionário, uma espécie de profeta inspirado, e às vezes exaltado, dos tempos modernos do que um filósofo rigoroso. O desmoronamento psíquico que o afetou durante os dez últimos anos de sua vida é uma espécie de sintoma de seu pensamento: quando se quer apreendê-lo de modo racional e lógico, ele leva a um impasse.

É recortado por um fluxo permanente de irracionalidade, de tensões contraditórias, de pontos de vista exaltados, ou até mesmo místicos. Nietzsche é um artista do pensamento mais que um construtor de conceitos. Isso não diminui a pertinência de muitas de suas afirmações. E para voltar ao nosso tema, ele entendeu perfeitamente que a morte de Deus implicaria, em longo prazo, a completa refundação da moral. É o que vemos cada vez mais em nossos dias com as questões propostas pela clonagem, a reprodução assistida, a homoparentalidade, entre outras. Não podendo mais nos apoiar nas morais clássicas, amparadas na ordem natural ou na lei religiosa, somente podemos navegar às cegas e argumentar por entre pontos de vista contraditórios, entre os quais nenhum oferece legitimidade absoluta, aceitável para todos. Nós nos confrontamos com um novo "politeísmo dos valores", para retomar a expressão de Max Weber, que sucede ao consenso dos valores das sociedades religiosas tradicionais, ou seja, os valores do mundo judaico-cristão em vias de desaparecimento.

Os pais fundadores do ateísmo moderno: Comte, Feuerbach, Marx, Freud

Além de Nietzsche, os pensadores do século XIX que mais argumentaram a favor do ateísmo são Auguste Comte, Ludwig Feuerbach, Karl Marx e Sigmund Freud. Para mim, eles são os pais fundadores do ateísmo moderno, e sempre encontramos um de seus argumentos nas afirmações dos filósofos ateus que os sucedem nos séculos XX e XXI. Nem todos abordam a questão de Deus ou da negação de Deus pelo mesmo ângulo, mas todos chegam à conclusão de que a fé em Deus constitui uma profunda alienação: alienação intelectual, para Comte;

antropológica, para Feuerbach; econômica, para Marx; psicológica, para Freud. Aliás, todos esses pensadores acreditam, como a maioria de seus contemporâneos e ao contrário de Nietzsche, no progresso inelutável das sociedades humanas graças à razão. A religião que, no Ocidente, repousa na fé em Deus é concebida como um obstáculo, ou mesmo o obstáculo último, à realização de um mundo que ofereça o melhor do ser humano, finalmente libertado da ignorância e de todos os seus males.

Em seu *Curso de filosofia positiva* (1830-1842), Auguste Comte, que é considerado o pai da sociologia, expõe seu ateísmo através do método positivista. Tomando a teoria dos três estágios da humanidade, de Turgot, Comte afirma que a humanidade evolui do estágio "teológico" (infância), para o estágio "metafísico" (adolescência), e então para o estágio "científico" ou "positivista" (adulto). Ao chegar a esse ponto, o homem deixa de se fazer a pergunta infantil do "por quê", para se interessar apenas pela causa e pelo mecanismo das coisas. As últimas obras de Comte são marcadas por um delírio místico no qual o filósofo atribui a si o papel de papa de uma nova religião positivista — com seu catecismo, seu culto, seus santos. Ainda assim, porém, sua teoria vai marcar o nascimento do cientificismo e do espírito positivista que classifica como superstição todo método e interpretação do real que não seja o da ciência experimental.

Numa obra magistral, *A essência do cristianismo* (1841), que terá forte influência no pensamento nietzschiano, Ludwig Feuerbach desenvolve a tese segundo a qual as religiões apenas projetam em Deus a essência do homem: "Você crê no amor como numa qualidade divina porque você mesmo ama; você crê que Deus é sábio e bom porque você não conhece nada melhor em você do que a bondade e a compreensão." Assim, o homem se despoja de suas qualidades para objetivar alcançar Deus: é o mecanismo da alienação antropológica que Feuerbach tenta demonstrar com entusiasmo. Numa perspectiva evolucionista do progresso das sociedades, o filósofo alemão explica que a "religião é a essência infantil da humanidade, que precede o tempo da maturidade filosófica, quando o homem enfim se reapropria conscientemente do que ele havia inconscientemente projetado no Ser imaginário".

Contemporâneo e leitor apaixonado de Feuerbach, Karl Marx quer levar adiante a análise de seu mentor e pretende explicar por que o homem tem necessidade de criar deuses e de se alienar pelas religiões. Ele vai então se concentrar na análise histórica e econômica das sociedades que produzem a alienação religiosa. Em seus célebres *Manuscritos de 1844,* Marx explica que, por mais ilusória que seja, a religião constitui um protesto real contra a opressão socioeconômica: "O perigo religioso é, por um lado, a expressão do perigo real e, por outro, o protesto contra o perigo real. A religião é o suspiro da criatura oprimida, a alma de um mundo sem coração, do mesmo modo que é o espírito de condições sociais das quais o espírito é excluído. Ela é o ópio do povo." Marx pretende, então, passar da crítica filosófica da religião (Feuerbach) à crítica política de uma sociedade injusta que produz a religião porque produz infelicidade. Ao atacar as raízes do mal, a exploração do homem pelo homem, ele está convencido de que a ilusão religiosa desaparecerá por si só com os últimos explorados. Deus desaparecerá com o fim das condições históricas que o produziram.

O mais radical de todos, porém, é sem dúvida Freud. Apesar disso, ele é o pensador cuja crítica continua a atuar com toda a força. De *Totem e tabu* (1913) a *Moisés e o monoteísmo* (1939), passando por *Futuro de uma ilusão* (1927), a crítica da religião de Sigmund Freud toma emprestado de

Feuerbach a temática do caráter infantil e alienante da atitude religiosa, concebida como projeção do psiquismo humano em forças superiores. Enquanto Marx procura a explicação dessa atitude na análise econômica das sociedades e dos conflitos sociais, Freud pretende evidenciá-los por meio do estudo dos conflitos do psiquismo humano. Partindo de sua experiência empírica como terapeuta, sua teorização progressiva das leis do inconsciente lhe fornece argumentos para tentar demonstrar o caráter profundamente ilusório da religião. Entre seus argumentos, o que me parece o mais interessante é o seguinte: é para proteger-se dos ataques da angústia — o "desamparo" — que o homem inventa um Deus bom, substituto parental que ele percebe como falho, e ainda a crença na vida eterna. Assim, Freud vai considerar a gênese psíquica das representações religiosas como "ilusões, realização dos desejos mais antigos, mais fortes e mais prementes da humanidade; o segredo da força é a força dos desejos". A psicanálise é a melhor resposta trazida por Freud para tentar libertar o homem dessa alienação psíquica. Em resumo, enquanto o homem adulto de Kant ou de Voltaire era um homem religioso liberto da tutela das instituições, o homem adulto de Feuerbach ou de Freud é um homem sem religião, liberto da fé em Deus.

Qual o valor desses argumentos? Eu acho o positivismo de Comte bastante primário. Ele corresponde ao que se chamou de "cientificismo", a fé absoluta na ciência que se tornou uma espécie de religião. Com o tempo, foi possível verificar não apenas que a ciência não tinha resposta para tudo, mas que também podia levar a invenções tecnológicas destruidoras. "Ciência sem consciência não é senão a ruína da alma", já dizia Rabelais no século XVI. É evidente que os progressos do conhecimento racional fazem a humanidade progredir, mas a ética, o respeito pelo outro, o amor são igualmente necessários para que não se caia na barbárie. Por outro lado, eu não creio que os progressos do conhecimento e desenvolvimento das ciências venham um dia a eliminar totalmente a fé em Deus. Como dizia Pascal, Deus fala ao coração mais do que à razão. Uma pessoa pode ser um grande cientista e acreditar em Deus, embora seja verdade que a grande maioria dos cientistas se componha de ateus ou de agnósticos. Quanto ao argumento de Marx, que não está errado em sua análise (é evidente que a religião "consola"), parece-me pouco firme em sua conclusão: eu não creio que a fé em Deus desapareça com o fim da alienação econômica e os últimos explorados. Não apenas esse fim é muito ilusório, mas, além disso, a fé em Deus tem causas mais profundas do que a miséria econômica e social, e muitas pessoas economicamente favorecidas possuem uma fé inquebrantável. A análise de Feuerbach é mais poderosa porque ele demonstra efetivamente o antropomorfismo em ação na construção do conceito do Deus pessoal, absolutamente bom e perfeito, e podemos de fato nos perguntar como seria uma humanidade que se apropriasse de todas as qualidades projetadas nesse Ser invisível. Mas também, nesse caso, a conclusão de Feuerbach me parece muito otimista: não creio que os seres humanos, livres de Deus, se tornem necessariamente melhores e mais humanos. Comte e Feuerbach são excessivamente tributários dessa ideia de progresso inelutável das sociedades, herdada do século XVIII. Auschwitz, o Gulag e Hiroshima invalidam a ideia do progresso e da fé cega na ciência ou na política que a motivava. Vimos grandes ideologias ateias (o nazismo, o comunismo) cometerem crimes ainda mais pavorosos do que os cometidos durante os milênios precedentes em nome de Deus. Isso não diminui em nada a crítica filosófica da existência de Deus, mas permite relativizar a confiança absoluta no homem e nas sociedades "libertas de Deus".

É, afinal, a crítica freudiana que me parece ainda hoje a mais pertinente porque toca o mais profundo da psique de cada um de nós: a necessidade de ser tranquilizado diante dos perigos do mundo e da angústia da morte. Spinoza já sublinhava: "Somos, por natureza, preparados para acreditar facilmente no que esperamos." Podemos, portanto, duvidar de algo tão desejável quanto um Deus absolutamente bom e uma vida eterna bem-aventurada.

O darwinismo

Todas as vezes que um novo avanço científico decisivo se produziu, uma grande quantidade de artigos e livros foi escrita para explicar que se anunciava a morte de Deus. De fato, até o momento presente, nenhuma descoberta científica provou a não existência de Deus, mas todas fizeram retroceder a explicação religiosa do mundo. Antes do prodigioso avanço da ciência moderna, a partir do século XVII, a religião tinha resposta para tudo. Ela pretendia fornecer resposta para as questões concernentes à origem do mundo e da vida. Ora, a ciência tornou essa pretensão obsoleta e demonstrou que a religião frequentemente dizia coisas totalmente errôneas sobre essas questões (retornamos ao processo de Galileu). A religião voltou-se, então, para campos em que a ciência não tem autoridade: as questões do sentido e da moral. E mesmo se nesses campos ela concorre seriamente com a filosofia e as espiritualidades orientais não teístas, ela continua a ter certa audiência, pois o ser humano continuará sempre a se confrontar com as questões do enigma de sua existência e da vida em comum.

O avanço científico que provavelmente fez com que a crença em Deus diminuísse mais foi a teoria darwinista da evolução segundo a seleção natural. Ela contradiz a Bíblia (e indiretamente o Alcorão, que retoma a Bíblia nessas questões), cujo discurso defende que o mundo foi criado por Deus há pouco menos de 6 mil anos e, especialmente, que Deus interveio diretamente para criar a vida e, em seguida, o ser humano, diferente de todas as outras criaturas "à sua imagem e semelhança". Em sua principal obra, *A origem das espécies* (1859), na qual reuniu todas as observações geológicas e biológicas de seu tempo, Darwin mostra que a vida é fruto de um processo evolutivo de vários milhões de anos, durante o qual todas as espécies vivas evoluíram a partir de apenas um ou de alguns ancestrais comuns, graças a um processo de seleção natural. O homem é, portanto, fruto de uma longa cadeia evolutiva. Não há mais necessidade de Deus para explicar o desenvolvimento da vida, o aparecimento do homem e o crescimento da complexidade. Para além do questionamento da Bíblia (pode-se fazer uma leitura simbólica da narrativa do Gênese), a teoria darwiniana — que desde então foi detalhada e melhorada, mas nunca cientificamente questionada em seus fundamentos — abalou muitos crentes porque oferece uma narrativa racional da história da vida e traz uma resposta crível — mesmo que ela ainda contenha pontos de interrogação — a um de seus maiores mistérios: o aparecimento de um ser inteligente. É o motivo pelo qual, mais de 150 anos após sua publicação, tal teoria ainda é terrivelmente combatida pelos fundamentalistas judeus, cristãos e muçulmanos.

Um céu sem Deus

O fato de termos descoberto que a Terra é apenas um pequeno planeta que gira em torno do Sol, perdida numa pequena galáxia no seio de um universo composto por milhares de outras galáxias, também relativiza muito o lugar central do homem na criação e, logo, de Deus. Como dizia Pascal: "O silêncio eterno desses espaços infinitos me apavora." Que frase magnífica! É evidente que o conhecimento astronômico moderno abalou a concepção religiosa, e isso aconteceu por pelo menos três motivos. Inicialmente, ele expulsou Deus do céu. Os Antigos consideravam a abóbada celeste perfeita e feita de uma substância divina. Na Idade Média cristã, considerava-se também que o reino de Deus se situava num distante espaço celeste. Hoje sabemos que todo o universo é feito da mesma matéria que a nossa, e não passa pela cabeça de ninguém procurar Deus numa distante galáxia. Então, onde ele está? A ideia de um além invisível é a única solução. Em seguida, ao demonstrar que a Terra gira em torno do Sol, e não o contrário, a revolução copernicana mostrou que nosso planeta não é o centro do universo, o que pôs mais uma vez sob questionamento o antropocentrismo bíblico. A isso, por fim, se acrescenta a descoberta de que somos tão pouca coisa no universo infinitamente mais velho e infinitamente mais vasto do que se possa imaginar.

O princípio antrópico

Ao contrário, os progressos da astrofísica também permitem argumentar a favor da existência de Deus ou, ao menos, de um princípio criador inteligente. É o princípio antrópico de que falamos no final do capítulo anterior: a regulagem inicial dos componentes do universo é tão fina que uma única micromudança desses parâmetros não teria permitido a eclosão da vida na Terra e o desenvolvimento da complexidade que culmina no aparecimento de um ser inteligente. O que leva à introdução da provável hipótese de uma inteligência criadora que teria regulado esses parâmetros, tendo em vista o aparecimento do homem. Vimos que tal argumento levou numerosos cientistas a postular outra hipótese: a existência de múltiplos universos. Em milhares de universos existentes, o nosso teria "por acaso" tirado a sorte grande. Esse último exemplo mostra mais uma vez que não há provas da existência de Deus, nem de sua não existência. Temos, no máximo, argumentos que levarão frequentemente a outros contra-argumentos. Esses argumentos, mesmo que não possuam o mesmo alcance e o mesmo valor, podem nos ajudar a elaborar uma íntima convicção, mas nunca um saber.

De Hawking a Dawkins: a crítica contemporânea

Nos últimos anos, apareceram dezenas de obras de filósofos e cientistas ateus. O que elas acrescentam? Há livros de cientistas de renome, como Stephen Hawking, já citado anteriormente, que propõem um modelo de explicação científica do universo sem recorrer à hipótese de um princípio criador, pregando notadamente a hipótese de universos múltiplos. Hawking é ateu, mas ele não apresenta sua tese como uma prova irrefutável da não existência de Deus. Encontramos, especialmente, livros de filósofos ou de cientistas que definem as razões de seu ateísmo. A maioria desses livros parte da constatação da violência e do fanatismo religioso e realiza uma crítica radical dos monoteísmos. Nessa linha, penso que os dois mais interessantes são os do filósofo Michel Onfray (*Tratado de ateologia: física da metafísica*, 2005) e o do biólogo Richard Dawkins (*Deus, um delírio,* 2006). O tom é polêmico, acerbo, virulento, mas a reflexão é estimulante e os fatos e citações relatados, com frequência edificantes.

Fiquei impressionado principalmente com a experiência contada por Dawkins, que foi realizada em Israel pelo psicólogo Georges Tamarin. Ele apresentou a 1.066 estudantes entre 8 e 14 anos a narrativa bíblica da tomada de Jericó por Josué, anunciando que Deus entregou a cidade aos israelitas, exortando suas tropas a pilhar, queimar e massacrar tanto homens quanto mulheres, crianças e velhos, sem esquecer os animais. Em seguida, Tamarin apresentou às crianças uma pergunta moral muito simples: "Vocês acham que Josué e os israelitas agiram bem, ou não?" O resultado foi que 66% das crianças aprovaram totalmente, 8% aprovaram parcialmente e apenas 26% desaprovaram por completo. Em todas as respostas positivas, o massacre cometido por Josué era justificado pela religião. Tamarin tomou outro grupo de testemunhas composto por 168 crianças israelitas da mesma idade e lhes submeteu o mesmo texto da Bíblia, porém trocando o nome de Josué pelo do "general Li", e o de Israel por "um reino chinês de 3 mil anos atrás". Com isso, apenas 7% das crianças aprovaram o massacre e 75% o desaprovaram totalmente. A lição desse teste é transparente: quando a fidelidade à religião não está em jogo, as crianças adotam, em sua esmagadora maioria, uma posição moral universal segundo a qual é errado matar inocentes. Dawkins não diz isso, mas também é preciso esclarecer que o teste foi realizado em 1966, num contexto de tensão extrema entre Israel e o mundo árabe, o que pode explicar, em parte, o sentimento identitário exacerbado. É muito provável, se a mesma experiência fosse feita nos Estados Unidos, com crianças fundamentalistas, ou a partir de cenas de guerra do Alcorão, com crianças muçulmanas nas escolas corânicas do Paquistão, que os resultados obtidos fossem muito similares.

O sentimento religioso identitário influencia consideravelmente os homens, a ponto de, em algumas vezes, fazer esquecer o pertencimento a uma humanidade comum e à moral humanista que dela decorre. É uma crítica da religião que continua pertinente, embora, do meu ponto de vista, ela não toque a questão da existência de Deus. Isso porque podemos muito bem imaginar que Deus reprova os comportamentos violentos e que esses textos não tenham sido inspirados por Ele. A má conduta dos crentes não é, com certeza, favorável a Deus, porém refuta mais as religiões e seu cortejo de atrocidades do que o próprio Deus. Por outro lado, tais teses são sempre acusatórias, são libelos que multiplicam os exemplos do fanatismo e do obscurantismo religioso. Mas elas nunca apresentam a versão da defesa. Ora, não são unicamente as religiões que estão na origem das atrocidades! Vimos com Max Weber que elas também exerceram um papel decisivo no desenvolvimento da racionalidade, logo, de maneira indireta, no do saber e das ciências. Elas também acompanharam o nascimento e o desenvolvimento de todas as civilizações, com um discurso ético e obras de solidariedade para com os mais fracos. Não foram as organizações ateias que criaram os primeiros asilos, os orfanatos, os sistemas de redistribuição solidária das riquezas, mas sim as instituições religiosas. A história nos mostrou que as religiões podem oferecer tanto o melhor quanto o pior, e eu tenho curiosidade de saber o que teria sido a aventura da humanidade se religião alguma, ou deus algum, jamais tivesse inspirado as ações humanas. Não se tem certeza de que seria o paraíso terrestre! Evidentemente, não é motivo para não lutarmos hoje com todas as forças contra o obscurantismo e o fanatismo religioso. Por isso eu considero esses argumentos mais sentimentais e afetivos do que racionais (todos nós ficamos perturbados com uma mulher que vai ser apedrejada em nome de Deus), e jamais totalmente pertinentes para justificar um ateísmo filosófico.

Nesse sentido, a obra do filósofo francês André Comte-Sponville, *O espírito do ateísmo* (2006), é de natureza muito diferente. Ele desenvolve seis argumentos centrais a favor do ateísmo: a fraqueza dos argumentos opostos (as pretensas provas da existência de Deus, que ele desconstrói uma a uma); sua recusa em explicar o mistério do mundo por algo mais misterioso ainda (Deus); a desmedida do mal; a mediocridade do homem; o fato de que Deus é desejável demais para ser verdadeiro (argumento freudiano); por fim, simplesmente, mas com certeza o argumento mais decisivo, a experiência comum (se Deus existe, deveríamos senti-lo ou vê-lo mais).

A fé e a dúvida

Como as religiões explicam que, se Deus existe, não o vemos ou ele não se impõe a todos? Elas respondem que não o vemos porque ele não tem corpo: é um puro espírito. Mas poderemos vê-lo de certo modo "com os olhos da alma", quando esta se separar de nosso corpo. Ele não é manifesto porque, se o fosse, não seríamos mais livres para amá-lo, posto que ele nos esmagaria com sua luz e seu amor. Deus, então, se esconde e se revela discretamente de várias maneiras que não constrangem o homem: a beleza do mundo, a revelação profética (a Bíblia, o Cristo, o Alcorão), a graça no coração daqueles que estão prontos para acolhê-lo. É, portanto, pela fé que o crente adere a Deus, e a fé, como seu nome indica, não é uma certeza ou um saber. É por isso que a fé e a dúvida racional podem coabitar num mesmo indivíduo, salvo para os fanáticos e os integristas de todos os tipos que pretendem *saber* que Deus existe e que, consequentemente, gostariam de impô-lo a todos. Mas o próprio fato de que Deus não é evidente, que ele não é visto, que nem todos vivenciam sua experiência, mostra que apenas a fé, quer dizer, uma espécie de confiança afetiva, permite crer em Deus. E a fé não impede o crente de ter dúvidas racionais. Muitas pessoas ficaram surpresas ao saber, vários anos após sua morte, que madre Teresa tinha duvidado da existência de Deus durante quase cinquenta anos. Mas ela jamais disse que tinha perdido a fé e que não acreditava mais em Deus. Ela apenas disse que não sentia mais a presença de Deus interiormente, embora, antes, ela o tenha muitas vezes sentido, e que, confrontada com tanto sofrimento, havia duvidado continuamente. A fé permite a dúvida, e a dúvida não suprime a fé. Quando isso acontece, não estamos mais na fé, mas no ateísmo, que não era o caso, por exemplo, de madre Teresa, mesmo que ela afirme que tenha sido uma provação terrível. No entanto, vários grandes místicos da tradição cristã viveram uma experiência similar, começando por Teresa de Lisieux, que diz ter ficado mergulhada durante anos — embora estivesse fechada no Carmelo — em argumentos e sentimentos de ateísmo, os quais ela afirma ter compreendido e vivido internamente. João da Cruz, carmelita do século XVI, também descreveu em seu poema *A noite escura* como Deus testa a fé de seus amigos mais íntimos, purificando-a pela prova da dúvida. Assim, eles o amam de modo totalmente gratuito, sem nada sentir ou esperar em troca, apoiando-se na fé pura, e não em algum argumento ou sentimento. Um crente, que de qualquer modo tem uma relação afetiva com Deus, pode, sem dúvida, se satisfazer com essas explicações, enquanto um agnóstico ou um ateu nela verá, evidentemente, uma racionalização um pouco desesperada da ausência de Deus, não como uma prova, mas como um fato.

Se Deus existe, por que não o vemos?

Para voltar ao argumento mais simples e segundo o qual se Deus existe, deveríamos vê-lo ou senti-lo, penso que ele contém a força da evidência e constitui o principal fator do desenvolvimento do ateísmo atual. Muitos jovens, que não receberam educação religiosa, nem mesmo se perguntam sobre a existência de Deus. Não apenas eles não o veem, mas constatam que os crentes não são necessariamente mais felizes ou melhores que os outros, logo, Deus se torna uma hipótese inútil. Como sublinha tão justamente André Comte-Sponville, já que não temos nenhuma experiência objetiva de Deus, não cabe aos ateus apresentarem a prova de que Deus não existe, mas aos crentes apresentarem a prova de que este Deus invisível existe. Em 1952, o filósofo Bertrand Russell já havia expressado tal argumento de modo cômico através da metáfora do "bule de chá celeste": se eu afirmo que entre a Terra e Marte um bule de chá de porcelana gravita em torno do Sol em órbita elíptica, me pedirão uma prova, e se eu afirmo que isso é impossível porque ele é muito pequeno para ser visto por nossos mais potentes telescópios, caçoarão de mim ou me considerarão louco, e com razão. Do mesmo modo que, racionalmente, somos espontaneamente "ateístas", somos espontaneamente ateus. A fé em Deus vem de uma tradição antiga, de uma herança familiar, de uma experiência interior subjetiva, eventualmente de uma argumentação, mas ela não é evidente. Do contrário, seríamos todos "conhecedores" (e não crentes), e a fé não existiria.

10

Violência, misoginia, sexualidade reprimida: Deus é fanático?

São incontáveis os crimes e os massacres perpetrados em nome de Deus. Como explicar essa violência? Apesar de suas mensagens de amor, de misericórdia e de fraternidade, todas as religiões têm, efetivamente, sangue nas mãos. É especialmente verdade nos monoteísmos, as religiões fundadas numa revelação, cada uma delas convencida de ser detentora da única verdade que lhe foi dada por Deus. Elas tiram disso um sentimento de superioridade sobre as outras: já que somente elas — conforme pensam — provêm da "verdadeira revelação divina". Elas se tornam assim intolerantes e, não raro, legitimaram a violência "em nome de Deus". E, além da intolerância ligada à revelação, é especialmente o desejo de dominação, a atração pelo poder que torna as religiões violentas.

O fanatismo judaico

O caso do judaísmo é, deste modo, particular, já que durante mais de 2.500 anos esse povo foi uma minoria politicamente dominada e perseguida. No tempo de Jesus, como vimos, a

Palestina está sob o domínio romano, e somente o campo religioso era delegado aos judeus. Estes, contudo, maltratam os hereges: Jesus é entregue a Pilatos pelo Sinédrio, para ser condenado à morte. Os Atos dos Apóstolos relatam as perseguições judaicas das quais foram vítimas os primeiros cristãos: o Sinédrio efetua as prisões, manda apedrejar Estêvão (7, 57-58), desencadeia uma "violenta perseguição contra a Igreja de Jerusalém" (8, 1). Em seguida, antes do final do século I de nossa era, os judeus se espalharam e a partir daí passam a ser minoritários e perseguidos, até a criação do Estado de Israel, em 1948. Infelizmente, desde então vemos o fanatismo que anima numerosos colonos religiosos em nome da reconquista daquela terra, que, segundo eles, foi dada por Deus ao povo judeu. Esse fanatismo se manifestou de forma incrivelmente violenta em Hebron, no dia 25 de fevereiro de 1994, quando Baruch Goldstein, um colono sionista religioso da colônia de Kiryat Arba, membro da Liga de Defesa Judaica, entrou no túmulo dos Patriarcas durante a prece com a finalidade de massacrar, com seu fuzil metralhadora, 29 palestinos e ferir 125, até ser ele próprio morto. O governo israelita condenou firmemente esse ato horrível, mas seu túmulo se tornou um lugar de peregrinação para milhares de colonos extremistas. Nele, se lê o seguinte epitáfio: *To the Holy Baruch Goldstein, who gave his life for the Jewish people, the Torá and the nation of Israel.* (Para o santo homem Baruch Goldstein, que deu a vida pelo povo judeu, a Torá e a nação de Israel.)

Os cristãos e a luta sangrenta contra as heresias

O caso do cristianismo é muito mais significativo, pois ele exerce poder político durante muitos séculos. Os cristãos, que se recusam a cultuar o imperador e, portanto, não respeitam as leis da cidade, são violentamente perseguidos pelas autoridades romanas durante os três primeiros séculos. Mas há uma reviravolta no início do século IV. Em 313, por vontade do imperador Constantino, o cristianismo é oficialmente reabilitado no Império. O bispo de Roma, Miltíades, recebe ricas doações. No ano seguinte, acontece o concílio gaulês de Arles. Poderíamos imaginar que quem foi perseguido durante três séculos se mostraria tolerante para com as novas minorias. Porém, não foi o caso: esse concílio enumera uma lista de fiéis que serão mantidos afastados da comunhão, por exemplo, a "gente de teatro", e ele impõe pesadas penitências aos que oferecerem sacrifícios aos deuses de Roma. Em 380, o cristianismo se torna religião de Estado. E vai se tornar implacável: para com os não cristãos (os infiéis), mas também para com os cristãos desviantes do dogma (os hereges). Naquela época, contudo, a Igreja, considerando que Cristo proibiu o derramamento de sangue, ainda repugna a condenação à morte dos hereges que são banidos do Império com frequência. Infelizmente, grandes teólogos cristãos irão encorajar o uso da violência em nome de Deus. Penso, por exemplo, em Santo Agostinho que, no início do século V, em seu *Contra Fausto*, qualifica a violência como "mal necessário" para proteger a sociedade cristã e ajudar os hereges a conquistar a felicidade eterna. Ele fala também de "perseguição justa". Os papas utilizarão seus argumentos sempre que for necessário punir os infiéis (judeus e muçulmanos) e os hereges (como os cátaros). Jesus disse: "Meu reino não é deste mundo", mas acontece que constroem um reino cristão. A política vai, a partir daí, triunfar sobre a mística e sobre a espiritualidade. Aqueles que não aderem à ortodoxia são combatidos porque ameaçam a unidade política da sociedade. Eles não são tolerados. Eles são mortos em nome de Deus.

Desde o início do século IX, com a reforma carolíngia posta em prática por Carlos Magno, o poder político multiplica as perseguições contra os infiéis e os hereges. Em seguida, a guerra contra os infiéis ganha uma nova amplitude com as Cruzadas. Quando, a 27 de novembro de 1095, o papa Urbano II convoca os fiéis a partirem em socorro dos cristãos do Oriente e a "libertar" Jerusalém dos infiéis, ele assim conclui seu chamado — um chamado à guerra santa — "Deus o quer!", e ele promete a todos os que marcharem uma indulgência plenária, quer dizer, a remissão de todos os seus pecados. Nenhuma voz se ergue para denunciar esse apelo. O grande São Bernardo, que prega a cruzada, aprova a noção de "guerra justa". Ao escrever as regras dos Templários, os célebres monges soldados encarregados de proteger os peregrinos, ele explica que matar um infiel não é um "homicídio", mas um "malicídio", justificando, assim, que os monges podem matar em nome de Deus. Nenhuma voz se ergue também quando, a caminho de Jerusalém, os cruzados realizam progrons antissemitas, inicialmente em Reims e, em seguida, em todas as cidades que atravessam e onde desgraçadamente existiam comunidades judaicas. Nove Cruzadas foram organizadas entre 1095 e 1270. Ao mesmo tempo, a Igreja se deu como missão — sempre em nome de Deus — lutar contra as heresias cristãs. A Inquisição foi criada com esse objetivo por meio de uma Bula do papa Gregório IX, a 8 de fevereiro de 1232. Grandes teólogos também estão presentes para legitimar o extremo desencadeamento de violência que se segue. Santo Tomás de Aquino, por exemplo, confirma: "Os hereges merecem ser afastados do mundo pela morte" (*Suma teológica,* II, II, Q 11, art. 3). Não nos esqueçamos de que os inquisidores são sacerdotes ou religiosos, a maioria deles composta de dominicanos e franciscanos. Eles são autorizados pelo papa a praticar a tortura por "amor e misericórdia". A pena de morte continua a ser aplicada pelas autoridades civis, por decisão da Igreja. Os cruzados e os inquisidores agiam sob as ordens do papa, falavam em nome de Deus e com o apoio dos maiores teólogos garantindo-lhes que sua ação permitia trazer, por bem ou por mal — aliás, de preferência por mal —, as ovelhas desgarradas do caminho reto. Havia, certamente, algumas vozes discordantes, mas eram raras e se manifestaram principalmente a partir do Renascimento. O exemplo mais conhecido é o do dominicano Bartolomeu de Las Casas que, em meados do século XVI, denunciou o genocídio dos índios da América, declarando-os "irmãos em Cristo", ao passo que a Igreja se interrogava sem muita pressa para saber se eles tinham uma alma. Algumas pessoas esclarecidas fora dos meios clericais, como Montaigne, associaram-se a ele. Mas eles podiam ser contados nos dedos de uma só mão.

O antissemitismo cristão

Como se explica o ódio dos cristãos contra os judeus no decorrer da história? Jesus era judeu e os judeus jamais quiseram ameaçar o poder da Igreja. Depois da destruição do Templo, quando o judaísmo rabínico se constitui, as relações entre judeus e cristãos se rompem. Alguns decênios antes, São Paulo disse palavras terríveis, não apenas contra os grandes sacerdotes que quiseram a morte de Jesus, mas contra os judeus de modo geral: "Eles mataram o Senhor Jesus e os profetas, e nos têm perseguido a nós. Desagradam a Deus e são inimigos de toda gente. Querem impedir-nos de pregar aos gentios para que se salvem; e com isso enchem a medida de seus pecados, até que a ira acabe por cair sobre eles" (1 Tessalonicenses 2, 15-16).

Inspirando-se nesse texto terrível, a ideia de povo "deicida" punido por Deus vai se desenvolver na Igreja a partir do século II. Vimos que será preciso esperar o concílio Vaticano II (1962-1965), para que ela seja firmemente condenada e para que a expressão "judeus pérfidos" seja retirada do texto da liturgia da Sexta-feira Santa que todos os anos comemora a paixão de Jesus. Assim que o Império Romano se torna cristão, os judeus são ridicularizados, discriminados, expulsos de Roma. Em 514, o IV Concílio de Orleans adota uma série de medidas em relação a eles, proibindo-os, entre outras coisas, de aparecer em público durante o período da Páscoa, ou ainda de empregar um cristão ou um pagão. Em 1215, quando do Concílio de Latrão, o papa, querendo que se pudesse identificá-los, notadamente para impedir os casamentos com os cristãos, impõe aos judeus o uso da rodela, uma peça redonda amarela em evidência sobre o peito. O amarelo, para os cristãos, simboliza a traição e mesmo Lúcifer. Judas é tradicionalmente representado usando roupa amarela. Pelo fim da Idade Média, o amarelo é associado à desordem, à loucura: os bufões e os loucos também se vestem de amarelo. São Luís, o rei Luís IX, impõe aos judeus o uso de dois sinais, um nas costas e outro no peito. Esse sinal infamante será, como sabemos, retomado pelos nazistas. Porque, embora outros motivos entrem em jogo no período moderno, existe uma continuidade entre o antissemitismo cristão e o antissemitismo moderno, que termina com a extinção de quase 6 milhões de judeus nos campos da morte.

O fanatismo muçulmano

Alá, como Javé, protege os seus. Ele também é um "Deus dos exércitos". O Alcorão impõe o princípio do *jihad*, compreendido de duas maneiras diferentes: a primeira é o *jihad* em si, a guerra contra nossos próprios demônios; a segunda, é o *jihad* pela *umma*, a comunidade. É a guerra santa contra os infiéis: "Ó Profeta, luta contra os descrentes e os hipócritas e sê duro para com eles", diz o Alcorão (9, 73; 66, 9). Alá não dá trégua: "O castigo dos que fazem a guerra a Deus e a seu Mensageiro, e semeiam a corrupção na terra é serem mortos ou crucificados ou terem as mãos e os pés decepados, alternadamente, ou serem exilados do país" (5, 33). Ele conclama à guerra: "Ó Profeta, exorta os crentes ao combate. Se houver vinte dentre vós que sejam firmes, prevalecerão sobre duzentos descrentes, e se houver cem, prevalecerão sobre mil descrentes. Esses não possuem entendimento" (8, 65). O estatuto dos combatentes é explicitado: eles são dignos de privilégios e de recompensas, eles recebem "paga superior à dos que permanecem em casa" (4, 95-96). Aos guerreiros são dados conselhos estratégicos: "Não apelem para a paz se tiverem a superioridade" (67, 35). Maomé era ele próprio ao mesmo tempo um chefe espiritual e político, e um guerreiro convencido de que o Islã é a única religião verdadeira (61, 9), o "partido de Deus" que, *no final*, será vitorioso (5, 56). A tradição muçulmana segue essa opinião, instituindo o estatuto de mártir para aquele que morre defendendo Alá e prometendo-lhe setenta virgens no além — uma exatidão que não existe no Alcorão, mas nos Hadiths. Existe uma justificativa corânica da violência, se tomarmos o Alcorão ao pé da letra, do mesmo modo que existe um "direito" bíblico à violência. Haverá terríveis desvios mortíferos ao longo da história das conquistas muçulmanas. A constituição do Império muçulmano, que rapidamente se desenvolveu após a morte de Maomé, se fez pela espada. Os vencidos tinham uma escolha: abraçar a nova religião ou vestir o estatuto de *dhimmis*, caso fossem judeus ou cristãos, dos "protegidos" que, de fato, não gozavam dos mesmos direitos que os muçulmanos. E, exatamente como no cristianismo imperial, todas as ações eram legitimadas pela justificação divina: o combate era feito em nome de Deus e para Ele. Do mesmo modo que o clero abençoará as armas dos cruzados cristãos, as autoridades religiosas acompanharão os combatentes à guerra. Os califas, que vão assentar o poder na religião e consagrar a indivisibilidade entre Estado e religião, contribuirão para enraizar essa ideologia no Islã. Ela ressurgirá até mesmo após a abolição do califado, no século XX, em muitos grupos islâmicos. Ela inspirará, por exemplo, os Irmãos muçulmanos que nasceram no Egito e que inscreveram em seus estandartes: "Deus é nosso objetivo, o Profeta nosso modelo, o Alcorão nossa lei, o *jihad* nosso caminho, o martírio nosso desejo." Evidentemente, essa ideologia está no centro do jihadismo, a morte em nome de Deus que os integristas exaltam, com sua coorte de atentados que continuam, ainda hoje, a ensanguentar o Iraque, o Paquistão, o Afeganistão e outros.

A necessária separação entre os poderes políticos e religiosos

O cristianismo poderia ter tomado o mesmo caminho, o da supervalorização em nome de Deus, e continuar a exercer a violência política. Por que ele não o fez? Ou melhor, por que ele parou de fazê-lo? Porque aconteceram as Luzes do século XVIII, os Locke, os Voltaire, os Bayle, que reivindicavam uma sociedade que poderíamos chamar de leiga, embora eles não utilizassem essa palavra, um Estado que não estivesse sob o jugo da Igreja católica. Para eles, não se tratava de suprimir a religião, mas de limitá-la à esfera privada. É assim que aparecem os primeiros frutos do Estado democrático e moderno, no qual o poder político não é mais santificado por Deus, e no qual a verdadeira legitimidade cabe ao povo. Os judeus, os ateus, os protestantes, os católicos, os franco-maçons, todos se tornam cidadãos integrais. Ninguém mais pode ser perseguido por sua religião ou crença. Os direitos do homem vão se tornar valores fundamentais de sociedades que se apoiam no respeito à pessoa humana: liberdade de consciência, liberdade de religião, liberdade de expressão. A Igreja não pode interromper essa onda poderosa vinda da sociedade.

O Concílio Vaticano II, que reuniu os católicos, vai provocar uma virada capital nos anos 1960. Desde o Renascimento e particularmente com as Luzes, a Igreja católica era atacada. Ela se defendia, considerando que todas as ideias do mundo moderno, inclusive a liberdade de consciência, eram declarações de guerra contra Deus. O Concílio Vaticano II rompeu totalmente com essa lógica defensiva. Ele foi aberto por João XXIII em 1962: o papa queria um *aggiornamento*, uma "atualização" da Igreja. Ele foi encerrado três anos depois, por Paulo VI. Durante esse período, 16 decretos e constituições foram adotados, transformando a face da Igreja católica e lhe oferecendo, no fundo, a possibilidade de retomar a missão espiritual que ela havia ocultado. O mais controvertido dos documentos conciliares tratava da liberdade religiosa. Ao aceitar o princípio, a Igreja se arrependia de séculos de perseguição e admitia implicitamente a existência de outras verdades, mesmo considerando que elas não são tão "verdadeiras" quanto a sua. Para alguns católicos, era um sacrilégio: eles abandonaram a Igreja, reivindicando o "verdadeiro" catolicismo. São os lefebvristas, os discípulos de monsenhor Lefebvre. Para esses integristas, há séculos o mundo não se modifica. Eles ainda se encontram no estado de espírito que orientou as guerras religiosas.

Certamente com João Paulo II, e mais ainda com Bento XVI, temos a sensação de um recuo. Esses dois papas desejaram — especialmente Bento XVI — mostrar que é a Igreja católica que detém *a* verdade, inclusive diante das Igrejas protestantes. Em 2000, a declaração vaticana *Dominus Iesus* denunciava, aliás, as "teorias de índole relativistas que pretendem justificar o pluralismo religioso", reafirmando, como introdução, o "caráter definitivo e completo da revelação de Jesus Cristo, a natureza da fé cristã em relação com a crença nas outras religiões". Essa declaração foi malvista pelas outras Igrejas cristãs, já que reafirmava a "subsistência na Igreja católica da única Igreja de Cristo", em outras palavras, excluindo as outras "Igrejas irmãs". Bento XVI presidia então a Congregação para a Doutrina da Fé, herdeira do Santo Ofício, que dirigira a Inquisição, e o documento traz nitidamente a marca de sua proximidade com os integristas de lefebvristas — que, aliás, ele reabilitou, assim que se tornou papa. Afora essas posições teológicas, a Igreja católica renunciou efetivamente ao uso da violência — que ela condena em caráter definitivo e com a maior firmeza — para impor seu ponto de vista. Embora ela os tenha combatido durante mais de 150 anos, a Igreja é hoje totalmente devotada aos direitos do homem. É necessário dizer que as Luzes se inspiraram muito explicitamente na mensagem do Evangelho, que a Igreja tinha, aliás, deixado um pouco esquecido: liberdade, igualdade, fraternidade!

A misoginia das religiões

Direitos do homem, direitos da mulher? Apesar dos progressos do cristianismo no que se refere à liberdade de consciência, vemos que o lugar da mulher ainda é uma questão complexa.

Seriam todas as religiões misóginas? Já vimos como os humanos se sedentarizam segundo um modelo majoritariamente patriarcal. Ora, do mesmo modo que eles assumiram o controle das aldeias e depois das cidades, os homens assumiram o controle das religiões, relegando a mulher a um papel secundário ou mesmo a uma ausência de papel, a não ser no lar, e sob a tutela do marido. As justificações teológicas surgiram mais tarde. Elas frequentemente foram apresentadas pelos religiosos, que afirmavam que a mulher é, principalmente, tentadora e que é preciso proteger dela os homens — cobrindo-a, escondendo-a, punindo-a se ela erra. Para justificar o fato de que ela não pode realizar gestos rituais, eles alegam sua impureza no momento das regras: "Quando uma mulher tiver um fluxo de sangue e que seja fluxo de sangue de seu corpo, permanecerá durante sete dias na impureza de suas regras. Quem a tocar ficará impuro até a tarde. Toda a cama sobre a qual se deitar com seu fluxo ficará impura. (...) Todo aquele que tocar o leito dela deverá lavar suas vestes, banhar-se em água e ficará impuro até a noite", diz o Levítico (15, 19-29), um dos cinco livros da Torá. Como então ela poderia dirigir a oração. Apesar de tudo, em escala mundial, há exceções. Há, por exemplo, um milhar de mulheres rabinas nos Estados Unidos, todas pertencentes ao judaísmo liberal. É verdade que elas não dirigem a prece da manhã dos judeus ortodoxos, que começa com as palavras: "Eu te agradeço, Deus, por não me ter feito mulher" — prece que revela a situação inferior da mulher no judaísmo ultraortodoxo, no qual ela deve usar peruca para esconder os cabelos, vestido longo de mangas compridas para esconder o corpo. Aliás, nessa corrente, apenas os homens têm direito a estudar teologia. Felizmente, isso não acontece com a maioria dos judeus.

A situação da mulher é a mesma no mundo muçulmano? Nesse aspecto, o Alcorão é de uma modernidade espantosa para a sua época. Evidentemente, a mulher é afastada de toda função religiosa, também por causa de suas regras: "É uma mácula", diz o Alcorão (2, 222). Durante esse período, ela é dispensada do jejum, do mesmo modo que os viajantes e os doentes, mas, contrariamente ao que é dito no Levítico, sua impureza não é "contagiosa". Um versículo corânico é muito explícito quanto ao que se refere ao estatuto da mulher: "Os crentes, homens e mulheres são aliados uns dos outros. Praticam o bem e proíbem o mal, e recitam as preces e pagam o tributo dos pobres, e obedecem a Deus e a seu Mensageiro" (9, 71). E o Alcorão não diz nada sobre o véu: nas sete ocorrências em que o *hijab* é citado, ele é uma cortina e é compreendido no sentido espiritual. Salvo numa única ocorrência, relativa às mulheres do profeta, em que o véu é uma cortina material. O Livro Santo do Islã infunde o pudor tanto nos homens quanto nas mulheres, sem entrar nos detalhes sobre o que esse pudor implica. Ainda nos dias de hoje, em nome das tradições religiosas posteriores, os hadiths, que são ditos nos quais se baseia em grande parte da charia, a lei corânica, as mulheres adúlteras são apedrejadas (punição que não existe no Alcorão), o homem é autorizado e até mesmo encorajado a bater na esposa, a mistura entre homens e mulheres é proibida porque a mulher é perigosa! Os teólogos muçulmanos afirmam que um versículo corânico autoriza o homem a bater na mulher: "Aquelas de quem temei a rebelião, exortai-as, bani-as de vossa cama e batei nelas" (4, 34). A jornalista sudanesa Lubna Ahmad al-Hussein, ela própria condenada a quarenta chibatadas por ter usado calça comprida (o que contrariava a lei islâmica em seu país), publicou um livro, *Suis-je maudite?* (2011) [Sou maldita?], no qual ela desmonta esse versículo. Ela explica que existem pelo menos três significados para a palavra *daraba*, e os teólogos consideraram somente um: "bater." Ora — diz ela —, em árabe, essa palavra também pode significar "afastar-se" ou ainda "fazer amor"! Mas a tradição não quer ouvir falar disso. Apenas admitiu definitivamente, como palavra divina, que um homem está habilitado a bater em sua mulher porque ele é superior a ela.

Na maioria das religiões, a mulher tem, por lei, um estatuto inferior: ela não possui os mesmos direitos que os homens. Evidentemente, em lugar da palavra "inferior", que é estigmatizante, usa-se a palavra "diferente". Mas isso, conforme observamos, nem sempre é imputável aos próprios textos. O exemplo mais marcante me parece ser o dos Evangelhos: Jesus estava cercado de mulheres, algumas eram prostitutas; elas estavam, contudo, mais próximas dele, e permaneceram fiéis até que ele morresse, ao contrário de seus discípulos homens. Ora, vemos as Igrejas católica e protestante proibirem o acesso das mulheres ao sacerdócio, sob o pretexto de que os 12 apóstolos eram homens. Não é o caso entre os protestantes. De um lado, porque o protestantismo está mais próximo do texto evangélico, que ele quis limpar dos resíduos acrescentados por séculos de tradição. De outro, porque ele acompanhou a entrada do Ocidente na modernidade e é essencialmente mais democrático que as outras Igrejas cristãs. A maioria das Igrejas protestantes se libertou do tabu da mulher. Ela pode ser pastor, do mesmo modo que os homens, ou mesmo bispo, entre os luteranos, que conservaram uma hierarquia clerical. Outras tradições religiosas também abrem exceções; penso particularmente nas tradições xamanistas nas quais homens e mulheres podem assumir a função de xamã.

No Ocidente, temos a impressão de que as tradições orientais — o hinduísmo, o budismo, as religiões chinesas — são menos misóginas que as monoteístas. Trata-se de uma visão do espírito. Na tradição hindu existe o que chamamos de

Leis de Manu, um código legislativo redigido entre o século II antes de nossa era e o século II de nossa era, fundamentado nos textos sagrados e que vigorou na Índia até a independência, em 1947. Ele permanece tacitamente aplicado nos dias de hoje. Essas leis regem o estatuto das castas e também o da mulher. E são impiedosas: "Uma menina, uma jovem mulher, uma mulher de idade avançada nunca devem seguir sua própria vontade, mesmo em sua casa" — determinam (V, 147-148), porque a mulher permanece dependente e inferior a seu pai, em seguida ao seu marido, e depois ao seu filho. Ela também não tem direito à iniciação religiosa. Sua iniciação é o casamento. E para ter esperança na *moksha*, a libertação do ciclo do samsara, ela terá de ter esperança de renascer homem. O motivo é evidente: a mulher é marcada por uma nódoa original que desperta todos os meses, quando ela menstrua. Aliás, conhecemos o drama das *satis*, as esposas que se imolam vivas na fogueira do marido quando este morre, o que, para elas, é garantia de imortalidade. Esse ritual atroz não consta das *Leis de Manu*, porém tal tradição permanece fortemente apoiada pelos nacionalistas hindus.

O budismo não chegou a esse ponto, mas nele a igualdade entre homens e mulheres também é inconcebível. Segundo a tradição narrada no *Cullavagga*, o Buda aceita fundar uma ordem de monjas, as *bhiksunis*, depois que sua tia suplicou-lhe que o fizesse, mas ele estabeleceu condições: o monge mais jovem teria sempre precedência sobre a monja mais antiga, "mesmo que ela seja centenária", e nenhuma monja jamais poderá admoestar um monge, enquanto o inverso era autorizado. Ainda acontece nos dias de hoje. Do mesmo modo que na tradição hindu e chinesa (já que encontramos essa afirmação no *Livro dos ritos*, de Confúcio), o *Saddharma Pundarika Sutra*, um antiquíssimo texto budista, lembra que "em sua família, a moça deve obedecer ao pai; na família do marido, ela deve obedecer ao esposo; na morte do esposo, a mãe deve obedecer ao filho". Esse mesmo sutra afirma que uma mulher, por mais merecedora que seja, não pode ascender ao Despertar: primeiramente ela teria de renascer homem. Essa regra permanece em vigor no Theravada, escola budista dominante no sul e no sudeste da Ásia (Sri Lanka, Tailândia, Camboja, Laos).

Penso que, no final das contas, as religiões não terão outra saída a não ser evoluir, notadamente no que se refere à questão da mulher. No que diz respeito ao catolicismo, por exemplo, uma recente sondagem mostra que, na França, 80% dos católicos praticantes não fariam objeção à ordenação de mulheres. A Igreja anglicana da Inglaterra realizou recentemente essa revolução. Em 1994, a primeira mulher pastor, Katherine Rumens, foi ordenada. O acontecimento deu o que falar. Se você for hoje à Inglaterra, as mulheres que atuam como pastores serão a norma, e as revoluções no mundo árabe nos mostraram mulheres nas ruas, manifestando como os homens, ao lado deles, significando assim que o papel delas não se limitaria ao lar: também elas têm direito de gerir a cidade. No mundo inteiro, atualmente, o afastamento entre a base dos fiéis e as instituições religiosas é colossal.

Prazer e sexualidade reprimidos

Algumas religiões tendem a reprimir a sexualidade e o prazer. Nas tradições judaica e cristã, essencialmente católica, convenciona-se que o ato sexual tem uma única finalidade: a procriação. Apenas quando objetiva engendrar que a sexualidade é tolerada. A sexualidade, porém, é engrandecida na Bíblia. Eu citarei aqui o Cântico dos Cânticos, uma ode ao amor, um poema tórrido no qual se fala de um ventre feminino que "se torce de desejo", de seios comparados a "cachos de uva", de "gritos de felicidade" que ressoarão no quarto. "Todos esses escritos são santos, mas o Chir Hachirim (o Cântico dos Cânticos) é o Santo dos Santos", afirmou o rabino Aquiba a seus pares quando tratou de eliminá-lo da Septuaginta, versão grega da Bíblia! O Cântico foi até mesmo classificado entre os livros de sabedoria. A sexualidade é igualmente reconhecida no Islã com sua parcela de gozo: "Vossas mulheres são vosso campo a lavrar. Lavrai vosso campo quando o desejardes", diz o Alcorão (2, 223). No mundo muçulmano, tratados inteiros foram consagrados a uma "teologia do amor", por exemplo, a *Epístola sobre o desejo amoroso*, de Avicena, que data do século XI de nossa era. Além disso, vocês evidentemente conhecem o *Kama Sutra* hindu, transcrito no século III de nossa era pelo brâmane Vatsyayana a partir de antigos textos sagrados que eram transmitidos oralmente. Também não insistirei no taoismo cujos ensinamentos repousam na fusão do yin e do yang, do feminino e do masculino, como garantia de acesso à imortalidade. Quanto ao budismo, ele prega a castidade para os monges, a extrema moderação para os leigos, mas o prazer não é condenado.

Nem todas as religiões têm problemas com o prazer, desde que ele seja controlado, pelo menos no que diz respeito ao prazer feminino, esse grande mistério para o homem. Penso, com efeito, que um dos motivos da misoginia do homem e de seu controle sobre a mulher é também a inveja do gozo da mulher porque ele é infinito, enquanto o do homem é finito. Há uma espécie de abismo no gozo sexual feminino que amedronta o homem e o contraria.

O cristianismo é a única religião monoteísta que impõe aos seus clérigos a castidade e o celibato. Por quê? A castidade é pregada como um ideal de perfeição, ela é reservada àqueles que podemos chamar de "atletas da vida espiritual": os monges no budismo e no cristianismo ortodoxo e oriental, e também os padres no catolicismo. Consequentemente, a regra do celibato dos sacerdotes demorou a ser imposta na Igreja. Durante séculos era normal que eles fossem casados, tivessem uma família, e essa tradição perdurou na maioria das Igrejas católicas do Oriente. Os bispos foram os primeiros a serem afetados pelo celibato: como tinham de se deslocar permanentemente, não podiam ter ao mesmo tempo a carga de uma comunidade de fiéis e a de uma família. Houve ainda casos de desvios financeiros, o enriquecimento de alguns padres que se abasteciam nas caixas na Igreja para (bem) alimentar suas famílias. O celibato dos clérigos foi decretado pelo IV Concílio de Latrão, em 1123. O celibato, mas não a castidade, que, por seu lado, foi imposta somente no século XVI com o Concílio de Trento, como resposta à crítica protestante aos costumes dissolutos do clero. Naquela época, até mesmo os papas tinham amantes oficiais. O movimento católico da Contrarreforma compreendeu a necessidade de reformar os costumes do clero para evitar o naufrágio da Igreja, mas ele não quis, no entanto, seguir os protestantes no caminho do casamento dos clérigos. Aliás, penso que, se a Igreja ainda hoje se recusa a concordar com a possibilidade de, paralelamente ao celibato, ordenar homens casados, isso decorre principalmente da preocupação em não se "protestanizar". Muitos padres, porém, têm amantes escondidas, "mulheres de padres" que, também elas, começam a se manifestar a fim de denunciar a hipocrisia imposta pela instituição. Conheço alguns padres que renunciaram à vida na Igreja para fundar uma família. Outros não conseguem renunciar à vocação, querem continuar seu sacerdócio. Seria sábio se a Igreja retomasse uma dupla possibilidade, reconhecida pelos católicos do Oriente: um padre pode ser celibatário, e um homem casado pode ser ordenado, mesmo que nunca se torne bispo.

O escândalo dos padres pedófilos

Constatamos que muitos homens têm dificuldade em respeitar o voto de castidade. Os padres ou os religiosos que estão em contato cotidiano com crianças e adolescentes podem ser tentados a exceder limites. A maioria nunca faz isso, e seria errôneo estabelecer uma relação de causalidade imediata entre castidade e pedofilia. Mas isso não exclui o fato de que foram vários milhares a romper essa linha vermelha, e podemos legitimamente perguntar se eles o teriam feito se possuíssem uma vida sexual normal. Penso especialmente naqueles que tiveram relações com adolescentes, o que constitui a grande maioria dos casos denunciados. Porque, no que diz respeito às crianças, trata-se, me parece, de uma patologia que se manifesta em qualquer estado civil e concerne tanto aos celibatários quanto aos homens casados. De fato, a verdadeira causa do escândalo da pedofilia na Igreja não é tanto a questão do celibato, mas a da hierarquia católica, que dissimulou durante decênios as maquinações desses membros para proteger a instituição de um escândalo. Com isso, ela encorajou os predadores pedófilos a prosseguirem em seus atos desviados, e dezenas de milhares de crianças poderiam ter sido poupadas se a Igreja tivesse tido outra política. Em 2000, ela deu uma guinada de 180º quando os casos começaram a explodir nos Estados Unidos e não se podia mais comprar o silêncio das vítimas.

E se Deus fosse uma mulher?

O efêmero papa João Paulo I disse no início de seu pontificado que Deus poderia muito bem ser representado como uma mulher porque ele não tem sexo. Ele também se declarou a favor da contracepção. Morreu de maneira não elucidada algumas semanas depois. Gosto muito desta história judaica: no paraíso, Deus inicialmente criou Eva, e não Adão. Ora, Eva se aborrece. Então, ela pede companheiros a Deus. Deus cria os animais. Eva continua insatisfeita e pede a Deus um companheiro que se pareça com ela, com o qual pudesse ter mais cumplicidade. Deus cria Adão, mas impõe uma única condição a Eva: que ela jamais revele ao homem que ela foi criada antes dele, a fim de não ferir sua suscetibilidade. E Deus conclui: "Que isso seja um segredo entre nós, mulheres!"

11

Quando Deus fala ao coração

Depois dessa terrível acusação, é necessário ouvir o advogado de defesa: Deus provocou outra coisa além de violência, dominação, misoginia, intolerância e obscurantismo? Um fidalgo da Idade Média não teria como censurar a Inquisição ou as Cruzadas. Os valores de paz, tolerância, respeito por si próprio e pelo outro, busca da verdade sem haver *a priori* impuseram-se progressivamente a nós desde alguns séculos, e é de acordo com os parâmetros desses valores modernos — os quais eu reivindico plenamente — que dirigimos um olhar para o passado e para o presente das religiões.

A fé: fermento de civilização

Ora, é evidente que, ao lado dos numerosos desvios que citamos, os monoteísmos também exerceram um papel determinante na gênese e no desenvolvimento dos valores que hoje nos são tão caros. Como dizíamos de Nietzsche e Weber a respeito do cristianismo, o Ocidente moderno não teria se tornado o que é sem o Deus da Bíblia e a mensagem evangélica. E o mundo muçulmano, antes de entrar em declínio e mergulhar no obscurantismo, conheceu as Luzes da razão e favoreceu o crescimento das ciências. Retomando a feliz expressão de Régis Debray: "o Islã teve seu Renascimento antes de sua Idade Média". Nos séculos IX e X, quando o Império carolíngio crescia, o Ocidente cristão ainda não possuía universidade, e sua maior biblioteca não devia comportar mais do que 2 mil obras, quase todas dedicadas à teologia cristã. No mesmo momento, na Andaluzia muçulmana, estudava-se astronomia, medicina ou filosofia grega numa das 17 universidades da península hispânica, e a grande biblioteca de Córdoba contava com aproximadamente 3 mil obras, dentre as quais figuravam todos os textos dos filósofos da Antiguidade conhecidos na época.

Os que afirmam que o Islã só produziu obscurantismo são ignorantes. E pode-se dizer o mesmo do judaísmo e do cristianismo: o melhor e o pior andam lado a lado. As mais nobres inteligências caminham ao lado dos mais perversos raciocínios teológicos para justificar a eliminação dos dissidentes, perturbadoras provas de amor caminham ao lado das marcas da mais obscura intolerância. A história dos monoteísmos apresenta uma formidável ambivalência. Eles sufocaram a razão crítica ao mesmo tempo que favoreceram seu desenvolvimento, esmagaram e elevaram o ser humano, oprimiram e libertaram a mulher, favoreceram a fraternidade e conceberam a rejeição do outro, produziram uma ética universal e justificaram o assassinato daquele que atrapalha. Podemos, portanto, escrever um livro inteiro cheio de exemplos sobre a perversão de Deus e das religiões, mas também uma obra igualmente importante sobre o que a fé em Deus produziu de bom e de construtivo para a humanidade.

Sem contar o patrimônio arquitetônico e artístico. Basta pensar em obras como a Catedral de Chartres, o Mont Saint-

-Michel ou a grande mesquita de Córdoba e as incontáveis obras-primas musicais e picturais inspiradas pela fé: a *Missa em dó menor*, de Mozart, na *Anunciação*, de Fra Angelico, passando pela *Paixão segundo São João*, de Bach e a *Ceia*, de Leonardo da Vinci, para só falar do patrimônio cristão. Mas, do mesmo modo que a fé produziu obras artísticas que ainda nos emocionam, ela também inspirou uma vida boa, feliz e generosa a milhões de crentes através dos tempos. Homens e mulheres cujos nomes não ficaram na história, pertencentes a todas as condições sociais, mas cuja fé em Deus foi um apoio e um guia para viver na dignidade e no respeito de outrem. Porque, como dizia Pascal, "é o coração que sente, não a razão". É inicialmente no coração que os crentes encontram Deus, e sua fé não é tanto o fruto de um raciocínio intelectual, mas antes o sentimento de um dom recebido, de uma proximidade afetiva com aquele que eles percebem como seu criador. Cada crente tem uma relação particular com Deus, que vem de uma relação pessoal que cada homem mantém com Deus. Um ateu poderá pensar que essa relação é uma ilusão, mas, para o crente que tem uma vida de prece contínua, ela é frequentemente tão real e "sustentante" quanto a relação que ele mantém com aqueles que estão mais próximos de si: filhos, pais, cônjuges.

A prece

A prece tem várias dimensões. Existe o ato de adoração, no qual o crente afirma sua radical dependência em relação ao criador, prosterna-se diante dele, reconhece-o como seu Deus, entrega-lhe toda a sua vida. É, por exemplo, o fundamento da prece muçulmana: pelo menos cinco vezes ao dia, o fiel adora Deus, prosternando-se. Mas encontramos também essa forma de prece na vida monástica cristã. Além disso, certamente existem todas as preces orais por meio das quais o fiel fala com Deus, agradece, suplica, implora. Se algumas são codificadas, como o "Pai-Nosso", a maioria são fórmulas espontâneas que brotam do coração do crente: fórmulas de louvor, de ação de graças, de pedido.

O crente não espera obrigatoriamente uma resposta à sua oração, mas aqueles que oram por vezes experimentam uma presença no fundo de seu ser. Aliás, eu definiria a prece em sua dimensão mais profunda como um "de coração a coração" com Deus, ou, para os cristãos, com o Cristo. É um colocar-se em presença, uma escuta interior, um recolhimento amoroso ao qual Deus pode responder com uma graça, tocando o coração do fiel. A resposta de Deus pode também vir por meio de um acontecimento significativo da vida, um encontro, uma súbita inspiração. O não crente não vê sentido particular num determinado acontecimento, enquanto o crente lê nele o sinal do destino ou de uma graça divina. Certamente, isso depende dos crentes. Alguns pensam que Deus não intervém de modo algum em sua vida e na vida dos humanos em geral. Isso não os impede de orar, porém sua oração é mais uma adoração ou um agradecimento. Outros, ao contrário, pensam que Deus escuta e cuida dos fiéis que rezam para ele. Nos Evangelhos, Jesus diz explicitamente: "orai e sereis escutados, pedi e recebereis". Ele convida, pois, os discípulos para orar a ele, ou orar a Deus, que ele chama de "Pai", e ele promete uma resposta para todas as preces. Dito isso, ele não afirma que Deus vai atender a todos os pedidos. Se pedimos para ter sucesso num exame ou para ganhar na loteria, há poucas chances, se Deus existe, de ele se preocupar com tais questões. Os pedidos de que fala Jesus são pedidos ligados a coisas mais essenciais: a cura interior, o aprofundamento da fé, o crescimento do amor.

Deus se intromete nos negócios do mundo?

Eu dizia anteriormente, a propósito do cristianismo, que Jesus pretendia mostrar que a tarefa de Deus não era cuidar dos negócios do mundo. Jesus veio revelar que o reino de Deus não é deste mundo. Nesse sentido, ele mostra que Deus não faz política e que ele deixa os homens construírem livremente sua história, para o bem ou para o mal. Mas não é porque ele não intervém nos negócios seculares dos homens que ele não intervém no coração deles. Logo, Deus pode agir de modo invisível na humanidade por meio da graça que ele concede aos homens. E, em minha opinião, esse é o verdadeiro sentido dos salmos judaicos, dos *Gathas* do zoroastrismo, do Alcorão ou das palavras de Jesus: Deus ouve todas as preces e responde às mais justas entre elas. É o que chamamos de "providência divina". Repetindo, essa providência não existe para ajudar o crente a ganhar mais dinheiro ou poder. Ela também não existe necessariamente para protegê-lo de qualquer sofrimento corporal e salvá-lo da morte, como mostra a história. Foi o que tanto impressionou Voltaire quando da catástrofe de Lisboa acontecida a 1º de novembro de 1755. Entre 50 mil e 100 mil pessoas morreram graças a um formidável tremor de terra, quando elas estavam reunidas em igrejas para celebrar a grande festa de Todos os Santos e essas construções desabaram. O fato confirmou para Voltaire a ideia de que Deus não se preocupa com os negócios dos homens e que ele permite que morram o justo e o injusto, o fiel e o infiel, conforme as leis da natureza que ele estabeleceu definitivamente no momento da criação. Encontra-se essa ideia na frase de Jesus: "porque ele fez nascer o seu sol igualmente sobre maus e bons" (Mateus, 5, 45). Em outras palavras, Deus não intervém nesta terra para punir os maus e recompensar os bons; a justiça divina se aplicará no além, após a morte. Aqui, Deus gratifica seus fiéis com a graça interior: ele pode aumentar neles a fé, a esperança, o amor, a alegria, a compreensão. E não é impossível pensar que o fato de ter mais fé possa produzir "milagres", curas inexplicáveis, socorros percebidos como providenciais etc. Mas é por via da fé do fiel que Deus parece intervir; não diretamente. Como dizia Jesus a respeito de seus "milagres", é a fé que produz a cura ou o acontecimento percebido como sobrenatural, não uma intervenção divina imediata que transgrediria as leis da natureza.

A dimensão mística da fé

Por fim, os homens e as mulheres que amam a Deus no silêncio de seu coração, num diálogo interior, nos remetem aos crentes místicos do primeiro milênio de nossa era que procuravam viver das experiências pessoais do divino. Nesse espantoso período axial em meados do primeiro milênio antes de nossa era, os homens, como vimos, sentiram, de fato, necessidade de entrar diretamente em contato com Deus ou com o divino. Contra a lógica clerical, ritualística e sacrificial, eles desejaram viver uma experiência pessoal do Absoluto. A aproximação do humano e do divino a partir de então não parou de se aprofundar e se democratizar. Mas, vocês têm razão, no essencial, nada mudou de fato. Nasceu no interior de todas as tradições religiosas um movimento que não parou de crescer. As lógicas institucionais e ritualistas não desapareceram, elas foram ameaçadas pelas correntes espirituais que impõem aos fiéis a possibilidade de um contato e de uma experiência direta com Deus e com o divino. O que poderíamos chamar em sentido lato de "mística". É, por exemplo, o movimento hassídico no judaísmo, o sufismo no islã, o monaquismo cristão em suas múltiplas formas: beneditino, cisterciense, cartuxo, franciscano, dominicano, inaciano, carmelita, entre outros.

Universalidade da experiência mística

A mística é, portanto, uma forma de espiritualidade transcultural fundada na experiência direta com Deus, num intenso encontro com ele. O fenômeno místico — e a experiência espiritual pura e simples — se inscreve na maioria das vezes num determinado quadro cultural religioso, superando-o. Em outras palavras, os indivíduos que vivem uma experiência do Absoluto falam dela utilizando as categorias mentais e as palavras de sua cultura — cristã, se ela é cristã; hindu, se ela é hindu; muçulmana, se ela é muçulmana etc. —, mas as experiências deles superam suas culturas e estranhamente se assemelham. Como essa experiência é indizível, a linguagem poética se torna o melhor meio para exprimi-la, e constatamos que os poetas místicos de todas as religiões dizem coisas muito semelhantes e convergem quanto ao essencial, apesar das diferenças dogmáticas intransponíveis de suas respectivas religiões.

Assim é que eu me lembro de ter promovido o encontro de um padre abade beneditino com um lama tibetano. Eles passaram uma semana inteira, inicialmente num mosteiro de Kergonan, na Bretanha, em seguida num centro tibetano de Dhagpo Kagyu Ling, na Dordonha. Eles começaram abordando questões teológicas gerais relacionadas ao budismo e ao catolicismo: nesse aspecto, eles não concordavam em nada! A ideia de um Deus pessoal criador que se revela falando aos profetas parecia impensável ao lama, do mesmo modo que a ideia de uma religião sem Deus parecia incongruente ao monge cristão. Em seguida, ao final de três dias, eles começaram a falar de sua experiência espiritual pessoal e nesse ponto eles concordavam em quase tudo! Um e outro falavam da necessidade do silêncio interior, do guia espiritual, da confiança e da fé, dos obstáculos do ego a vencer, da importância da concentração e da atenção, do amor e da compaixão que se situam no ponto de partida e no ponto de chegada da busca espiritual. Certamente as palavras variavam às vezes, as técnicas também, mas sentia-se que, no fundo, falavam a mesma linguagem: a linguagem dos que vivem uma experiência espiritual concreta, que escalam a mesma montanha, não importando o nome que lhe seja dado e o atalho escolhido.

Há uma fonte divina da qual beberam os místicos de todas as religiões e a partir da qual eles se comunicam no silêncio e na alegria da contemplação, e, bem lá para trás, a uma distância suficiente para terem certeza de não serem molhados pela água, há os teólogos, os guardiões do templo e os doutores dessas mesmas religiões que brigam indefinidamente para saber se a água dessa fonte é gasosa ou não, calcária ou não, mineral ou não.

Há pontos em comum extremamente surpreendentes e que, em minha opinião, revelam certa universalidade do espírito humano. Todos os que escavam de maneira profunda em si numa procura sincera pela verdade acabam descobrindo a mesma coisa, ou coisas muito semelhantes. Por exemplo, a maioria dos místicos descobre em determinado momento o que eles chamam, de um modo ou de outro, seu próprio "nada". E em vez de ficarem totalmente desesperados com essa descoberta, eles são, ao contrário, impulsionados por um amor que os invade e os mergulha na alegria, uma alegria indizível. Porque eles sentem, então, o amor universal que transcende toda aparência, todo sentimento identitário, toda dualidade, toda convenção. O místico muçulmano Rumi, no século XII, mostra-o muitíssimo bem no livro *Diwan*: "O que é preciso fazer, ó muçulmanos? Por que eu não me reconheço? Não sou cristão, judeu, parse ou muçulmano. Não sou do leste, nem do oeste, nem da terra firme, nem do mar. Não sou da natureza, nem dos céus giratórios. Não sou da terra, nem da água, nem do ar, nem do fogo. Não sou da cidade divina, nem da poeira, nem do ser, nem da essência. Não sou deste mundo, nem do outro, nem do paraíso, nem do inferno. Não sou de Adão, nem de Eva, nem do Éden, nem dos anjos do Éden. Meu lugar é o sem lugar, meu rastro o que não deixa rastro; não é o corpo, nem a alma, pois eu pertenço à alma do Bem-Amado. Abdiquei da dualidade, vi que os dois mundos são um. É o Um que eu procuro, o Um que eu contemplo, o Um que eu chamo. Ele é o primeiro, ele é o último, o mais exterior e o mais interior. Nada sei além de "Ó ele" e "Ó ele que é". Estou embriagado com a taça do amor, os mundos desapareceram de minhas vistas; não tenho outros negócios além do banquete do espírito e da bebedeira selvagem."

Os místicos diante das instituições religiosas

São afirmações de uma liberdade tão absoluta! Por isso alguns místicos foram perseguidos pelas autoridades religiosas. Muitos, porém, conseguem escapar das condenações dos guardiões do dogma por sua popularidade. Além disso, de certo modo, eles também servem às religiões, renovando-lhes a alma, vivificando-as. Há, portanto, na história dos monoteísmos, uma tensão permanente entre instituição e experiência mística, ambas se alimentando de maneira mútua: os místicos se apoiam, na maior parte das vezes, numa cultura religiosa que eles receberam pela educação, e mesmo quando vez ou outra não respeitam sua religião de origem, nunca a questionam totalmente e contribuem, assim, para renová-la. Francisco de Assis é um bom exemplo: ele leva uma vida de pobreza e castidade radicais em contradição flagrante com os costumes corrompidos do clero de seu tempo. Ele se identifica com o Cristo a ponto de receber os estigmas da paixão (as marcas da crucificação nos pés e nas mãos), o que nunca acontecera em 1.200 anos de cristianismo. Ele fala com os animais e louva a natureza enquanto a Igreja só se interessa pelo ser humano. Então, ele perturba fortemente a instituição católica. Mas, em 1210, quando vai a Roma, convocado por Inocêncio III, o papa tem um sonho no qual ele vê a Igreja, simbolizada pela Basílica de São João de Latrão, desabar, e a figura do pequeno monge italiano salvá-la no último instante. Ele então apoiará a reforma franciscana que talvez tenha de fato salvado a Igreja do desmoronamento sob o peso de seu poder temporal e financeiro. Outros tiveram mais problemas, porque existem limites que não podem ser ultrapassados. Um desses limites, nos monoteísmos, consiste em sempre manter perfeitamente a distinção entre Deus e suas criaturas. Ora, a maioria dos místicos vive uma experiência de "não dualidade" na qual eles se identificam com Deus. No século X, o místico muçulmano Al-Hallaj foi crucificado e desmembrado por ter ousado afirmar: "Eu sou a Verdade", o que resultava em se identificar com Deus. De maneira menos trágica, o grande teólogo dominicano e místico da virada do século XIII para o XIV, mestre Eckhart, foi condenado pela Igreja, especialmente por ter pregado a divinização do homem pela graça, o que parecia abolir a distância entre criatura e Criador. Acusado de professar uma doutrina imanente panteísta, ele não foi canonizado embora seja uma das testemunhas e um dos pensadores cristãos mais importantes.

De fato, os místicos judeus, cristãos e muçulmanos podem ter, como resultado de sua experiência, uma concepção de Deus que se aproxima daquela que lembramos a respeito da Índia. O divino é ao mesmo tempo percebido como pessoal e impessoal, como transcendente e imanente, e como aquilo com o qual podemos nos identificar e fundir. Muitos conflitos teológicos que parecem irredutíveis no nível do discurso racional se dissolvem numa linguagem mais poética e simbólica que provém de uma experiência do coração.

12

Há futuro para Deus?

Da pré-história aos nossos dias, realizamos um longo percurso histórico, descobrimos numerosas faces dos deuses, de Deus, do divino. Antes de nos interrogarmos sobre o futuro de Deus, eu gostaria de fazer um breve inventário da fé hoje.

Inventário da fé em Deus no mundo

Com prudência — porque, se as pesquisas estatísticas são bastante numerosas nos países ocidentais, elas são poucas em outras partes —, podemos destacar alguns grandes indicadores no plano mundial. Atualmente, a crença em Deus é partilhada por aproximadamente dois terços da população mundial, incluindo o hinduísmo que, como vimos, é difícil de ser classificado na categoria do monoteísmo ou na do politeísmo. O último terço se divide entre as religiões sem Deus (religiões chinesas em plena renovação, budismo, animismo, xamanismo), e uma pequena parte da população que declara não pertencer a nenhuma religião (menos de 10% da população mundial, principalmente na China e nos países europeus descristianizados).

A fé no mundo em 2050

As projeções feitas pelos demógrafos no tocante ao pertencimento religioso mostram que os cristãos (de todas as confissões juntas) passarão de 2 bilhões para 3 bilhões em 2050; os muçulmanos, de um bilhão e 200 milhões a 2 bilhões e 200 milhões; os hindus, de 800 milhões a um bilhão e 200 milhões; os budistas, de 350 milhões a 430 milhões; e os judeus, de 14 milhões a 17 milhões. Esses números não levam em conta as profundas evoluções internas pelas quais as mentalidades podem passar nos decênios que virão, nem as catástrofes e transformações excepcionais. Se considerarmos a evolução das mentalidades, penso que a tendência é indicada pelo que acontece na Europa: uma crescente secularização, sem perda da fé em Deus. Em outras palavras, as religiões terão cada vez menos influência sobre as sociedades, e cada vez mais indivíduos se declararão sem religião, o que não significará o fim da fé em Deus. Trata-se de um movimento profundo que os sociólogos das religiões chamam de "acreditar sem pertencer". Essa tendência está ligada à evolução dos modos de vida e das mentalidades nos países desenvolvidos. Os indivíduos se emancipam progressivamente das instituições religiosas, praticam cada vez menos, mas continuam, em grande número, a ter fé em Deus ou uma espiritualidade pessoal.

Desenvolvimento da "bricolagem" religiosa

É a famosa "bricolagem" de que falam os sociólogos: cada um constrói sua própria religião ou espiritualidade. Com efeito, vemos cada vez mais judeus ou cristãos praticarem a meditação budista, acreditarem na reencarnação ou se interessarem pelo xamanismo, por exemplo. É o duplo efeito dos três grandes vetores da modernidade: individualização, espírito crítico, globalização. No mundo moderno, os indivíduos se emancipam do grupo e escolhem livremente sua fé e seus valores. Eles desenvolvem o espírito crítico e se desligam cada vez mais do dogma e das autoridades religiosas. Por meio da globalização e da mestiçagem cultural, eles têm acesso a uma considerável oferta religiosa em que se empenham livremente, de acordo com suas necessidades. Trata-se, como bem observou Marcel Gauchet, de uma "revolução coperniciana da consciência religiosa": não é mais o grupo que transmite e impõe a religião ao indivíduo, é este que exerce sua livre escolha em função de seu desejo de desabrochamento pessoal. É isso, associado à urbanização rápida e ao desenraizamento que daí provém, que dissolve a religião coletiva na Europa.

Voltas identitárias

E esse processo não é absolutamente afetado pelas renovações identitárias e fundamentalistas que observamos aqui e ali. Tais renovações são espetaculares e constituem o tema da mídia, embora permaneçam minoritárias na Europa: por ano, cada cem mulheres a mais com véu correspondem, talvez, a 100 mil pessoas que abandonam toda prática cultural. Mas essas renovações religiosas exprimem principalmente o enrijecimento da última tropa de crentes muito praticantes. É a tendência dominante do catolicismo sob a direção de Bento XVI, como também da maioria de judeus, protestantes e muçulmanos praticantes da Europa, que se radicaliza porque se sente cada vez mais isolada e minoritária. De modo geral, na França, o Islã também é mais identitário que as outras religiões, graças ao fato de que a grande maioria de muçulmanos franceses se considera uma minoria estigmatizada, o que serve para reforçar os reflexos comunitários. Aliás, isso demonstra, *en passant*, o absurdo dos repetidos ataques contra o Islã, que servem apenas para aumentar a agitação de suas minorias mais intransigentes. Constatamos, porém, na França, e também em regiões próximas, que quanto mais os jovens muçulmanos são cultos e integrados, mais eles tomam liberdades com relação ao grupo e ao dogma para viverem uma espiritualidade pessoal. E o que se observa na Europa também se observa em outros países do mundo não cristão, nos quais minorias hindus ou muçulmanas europeizadas se distanciam cada vez mais da religião.

Se o modelo europeu de valores, educação e modo de vida continuar a se propagar pelo mundo, poderia muito bem acontecer, a longo prazo — eu diria em um século e não em trinta anos —, o que acontece atualmente na França: a religião ocupando um lugar cada vez menos importante, e aproximadamente um em cada dois habitantes se mantendo crente, mas fazendo bricolagem com sua crença. Em compensação, se passarmos por graves crises ecológicas, econômicas, sociais, é possível que o ritmo desse movimento diminua, ou aconteça o contrário, porque a religião tradicional pode parecer uma solução em face de medos e perigos violentos.

Deus não está morto, ele se metamorfoseia

Todo prognóstico é arriscado, mas penso que a tendência moderna que age na humanidade via Ocidente, desde o Renascimento, ainda vai experimentar sérios choques e recuos, porém, a longo prazo, ela sairá vencedora. Creio que todo homem aspira profundamente à liberdade individual: a de escolher seu modo de vida, sua religião, seus valores, sua profissão, onde residir, seu cônjuge, sua sexualidade etc. Essa tendência me parece irreversível e não para de se universalizar, como demonstra a primavera democrática dos países árabes, mesmo que marcada por uma volta identitária à religião. Penso que, a não ser que haja uma enorme catástrofe, ditadura alguma poderá se manter nesta terra, e religião alguma terá a possibilidade de impor sua lei aos indivíduos. Os principais vetores da modernidade vão, progressivamente, apenas com recuos pontuais, conquistar o mundo todo. Em tal contexto, a religião tem dificuldade em se manter, mas não Deus, necessariamente, e muito menos a espiritualidade, quer dizer, a busca pelo sentido da vida. Porque depois de se libertarem das exigências de sobrevivência e das instituições normativas e dogmáticas, os indivíduos continuarão a se interrogar sobre o enigma da existência e a fazer as perguntas essenciais: o que é uma vida bem-sucedida? Como enfrentar a questão do sofrimento e da morte? Quais são os valores que fundamentam uma vida? Como ser feliz? Como viver em harmonia e em paz consigo mesmo e com os outros? O grande desafio do século XXI será, portanto, repensar a articulação entre o indivíduo e o grupo, o interesse pessoal e o bem comum, e isso num mundo globalizado. Porque, se o indivíduo se emancipou do peso do grupo e da tradição, ele avalia cada vez mais os limites e os perigos do individualismo e do "cada um por si".

A fé em Deus regride suave, porém firmemente. Mesmo assim me surpreendo com sua forte resistência em relação à rapidez e à amplitude da crise da prática religiosa. Os dois elementos que melhor resistem são as cerimônias funerárias religiosas e a fé em Deus, que permanecem relativamente estáveis na Europa ao longo dos últimos trinta anos, conforme a já citada pesquisa sobre os valores europeus. Isso mostra que, em face da morte, a religião ainda traz respostas ou gestos essenciais para uma maioria de indivíduos que, por outro lado, se distanciou das Igrejas. Voltando, porém, a Deus, devemos nos perguntar: em que Deus as pessoas acreditam? Por que por detrás da palavra "Deus" se escondem numerosas concepções do divino que, por vezes, não têm mais nada a ver com a definição dogmática.

As representações de Deus estão, de fato, em plena mutação no Ocidente. Eu aponto a intensificação de três grandes metamorfoses da face de Deus na modernidade: passamos de um Deus pessoal a um divino impessoal; da imagem de um Deus masculino austero à figura de um divino com qualidades femininas de amor e de proteção; de um Deus exterior que vive nos céus a um divino que encontramos dentro de nós.

De um Deus pessoal a um divino impessoal

O desgaste da crença num Deus pessoal em benefício de um divino impessoal é uma das constatações do estudo dos *Valores europeus*. Em 1981, na França, 52% das pessoas que se declararam crentes se dividiram entre essas duas concepções de Deus, na razão de 26% para cada uma delas. Em 2008, a crença em um Deus pessoal diminuiu para 20%, enquanto a crença em um Deus impessoal passou para 31%. O fenômeno se observa por toda a Europa latina, ainda muito presa ao catolicismo. E uma pesquisa do *Monde des religions* [Mundo das religiões], publicada em 2007, é muito preocupante para a Igreja da França: dos 52% de católicos que afirmam acreditar em Deus (os outros são católicos culturais não crentes), apenas 18% acreditam num "Deus com quem eu posso ter uma relação pessoal". Isso significa que três em cada quatro católicos franceses que se declaram crentes não acreditam mais no Deus revelado da Bíblia, e são antes deístas à maneira de Voltaire e de numerosos franco-maçons, ou ainda acreditam no Deus revelado da Bíblia, mas não aderem mais às imagens redutoras que foram feitas dele na própria Bíblia e na pregação cristã ao longo dos séculos. Um Deus que se enraivece, pune, se queixa, tem piedade, lamenta suas ações e todo o resto, não é mais crível porque é demasiado humano. No fundo, assistimos a uma intensa rejeição de uma concepção antropomórfica do divino. Deus foi "qualificado" de tal forma que perdeu todo mistério e toda credibilidade, como Nietzsche havia anunciado. Essa rejeição é, às vezes, acompanhada de uma crítica do Deus a quem nos dirigimos como se Ele fosse uma pessoa a quem convocamos para acertar nossos problemas, que se imiscui nos negócios humanos, que fala pela boca dos profetas. Acredita-se de preferência num ser superior, uma espécie de grande arquiteto do universo, numa inteligência organizadora ou então numa energia ou força vital, semelhante ao *mana* das sociedades primitivas, esse fluido sutil que percorre o universo.

É certo que as espiritualidades orientais exerceram seu papel nessa passagem para um divino impessoal. Elas ofereceram linguagem, conceitos (a vacuidade budista, o Brahman hindu, o Tao chinês) que permitem aos judeus e aos cristãos, desconfortáveis com uma concepção excessivamente personalizada de Deus, não renunciarem à ideia do divino ou à experiência que eles têm dele. Mas também existe no seio das tradições monoteístas correntes alternativas para as quais se voltam numerosos crentes contemporâneos e que oferecem uma visão de Deus menos personalizada: a cabala judaica e algumas correntes da mística cristã e muçulmana. Essas correntes são consideradas "apofáticas" — termo derivado da palavra "apófase", que significa "negação" —, ou seja, a respeito de Deus só se pode dizer o que ele não é. Antes de se desenvolver na cabala, a ideia de apófase já estava no judaísmo de Fílon de Alexandria. Ela também se encontra no fundamento mesmo do neoplatonismo da Antiguidade tardia (Plotino, Proclo, Damáscio). Ela se desenvolve no cristianismo antigo com os tratados do Pseudo-Dioniso, o Aeropagita (autor anônimo do século V) e de autores orientais, como João Crisóstomo, Simeão, o Novo Teólogo, ou Gregório Palamas, até alcançar o catolicismo no final da Idade Média por meio dos místicos reno-flamengos (Eckhart, Suso, Tauler, os beguinos). O mundo muçulmano também não é poupado, com uma poderosa corrente mística dita "teosófica", da qual Ibn Arabi, no século XII-XIII, é a principal personagem. Essas correntes místicas apofáticas insistem no caráter insondável e inefável de Deus, e pretendem guiar os passos do iniciado até o mistério divino, mistério que ele não poderá perceber com a razão, mas contemplar e amar através da inteligência e do coração. Eles desconfiam, portanto, da teologia positiva, que tem uma tendência acentuada a racionalizar Deus e a reduzi-lo a uma personalidade. Essas correntes místicas avançam bastante no Ocidente exatamente por esse motivo. Estou convencido de que se tantas pessoas se interessam por mestre Eckhart, pela cabala, pelos místicos ortodoxos ou sufistas, é principalmente para encontrar um discurso sobre Deus diferente do da teologia clássica: um discurso que brote mais da experiência e do coração, que do raciocínio a partir da Revelação.

Um Deus que encontramos dentro de nós

A partir do momento em que Deus é percebido mais como um divino impessoal do que como uma pessoa exterior a nós, não rezamos mais para um Deus exterior que vive nos céus, mas acolhemos o divino no mais profundo de nós. Evidentemente isso se aproxima da meditação oriental. Sem chegar a tanto, mesmo os crentes que rezam a um Deus pessoal querem ter uma experiência íntima em relação a Deus. Eles não pretendem mais se contentar com uma religião exterior ou de fiel observação do ritual; eles querem experimentar o sagrado, sentir Deus no coração. A interioridade se torna o lugar de encontro entre o humano e o divino. Vimos que esse movimento começou na Antiguidade e nunca deixou de existir graças às correntes espirituais e místicas, mas, no século XX, assistimos à aceleração e à democratização dessa tendência. É, por exemplo, o caso do movimento pentecostal nos Estados Unidos: os célebres *born again* afirmam viver um "segundo nascimento" no Espírito Santo. Esse movimento protestante vai tocar o catolicismo nos anos 1970 por meio da Renovação Carismática que vai se difundir como um rastilho de pólvora na Igreja, multiplicando os grupos de oração nos quais os crentes aprendem a "experimentar" Deus, a sentir sua presença. Quanto aos judeus, aos católicos e aos muçulmanos que tendem mais para o divino apofático, eles se iniciam frequentemente na meditação zen, muito sóbria, que permite fazer silêncio interiormente e acolher o divino no mais profundo de si.

Eu gostaria de citar o místico alsaciano do século XIV, Jean Tauler, que resume bem essa experiência: "Eis que o homem se recolhe e penetra neste templo (seu eu interior) no qual, verdadeiramente, ele encontra Deus, habitando e operando. O homem chega a ter a experiência de Deus, não de acordo com seus sentidos ou com a razão, ou como qualquer coisa que se ouve, ou se lê [...], mas ele o experimenta, e ele frui dele do 'fundo' da alma assim como de sua própria fonte." Não falamos mais com Deus no céu, mas o encontramos como a uma fonte no mais profundo do ser.

Se Deus não está no céu, onde é que pode estar? É certo que, se o homem antigo ou medieval ainda podia imaginar que Deus se escondia em algum lugar do céu, há vários séculos isso não é mais possível graças ao desenvolvimento da astrofísica. E vocês têm razão em observar, é certamente um dos motivos dessa busca mais interior de Deus. Jesus, porém, já dizia: "O reino de Deus está dentro de vós" (Lucas 17, 21). Ora, a maioria das traduções da Bíblia transcreve esse versículo como "no meio de vós" ou "entre vós", o que altera seu sentido verdadeiro. Como se não quiséssemos ouvir falar de um reino interior e que a ele preferíssemos um Reino vivido em comunidade. O texto grego, contudo, diz *entos*, "dentro", "no interior", e não "no meio" ou "entre". A *Tradução ecumênica da Bíblia* (TEB) chega a explicar em nota: "Por vezes traduz-se 'em vós', mas essa tradução tem o inconveniente de fazer do reino de Deus uma realidade apenas interior e privada." Esse pequeno exemplo exprime bem o modo como uma ideologia eclesiástica desvia, às vezes, o sentido dos textos. A Igreja prefere a comunidade à interioridade porque ela não tem nenhum domínio sobre esta. Ora, a palavra de Jesus é potente ao extremo: é inicialmente em si que o homem deve procurar o reino de Deus, e não nos céus ou na comunidade humana. Deus não está distante, Ele está no íntimo de cada um.

Os seres intermediários: santos, guias, anjos...

Outro modo de rejeitar esse Deus tão distante não seria apelar para os santos, para os anjos e para a Virgem Maria? A religiosidade popular também necessita de "seres intermediários" mais sensíveis, mais representáveis, mais próximos do humano do que esse Deus abstrato. Por isso, já nas religiões antigas, acontece a aparição dos anjos, puros espíritos, e a ideia desenvolvida no zoroastrismo e retomada no judaísmo e no cristianismo de que eles zelam pelos seres humanos. De fato, assistimos a uma surpreendente volta à crença nos anjos entre pessoas que não estão necessariamente engajadas numa religião. E se não são os anjos, são os "guias", quer dizer, as almas de defuntos que zelam por cada um de nós. Se ligarmos esse fenômeno à poderosa renovação do culto mariano e do culto dos santos desde o século XIX no catolicismo, podemos, de fato, constatar um desejo de religação com seres mais compreensíveis e sensíveis que o próprio Deus. De certo modo, isso permite também não trazer Deus para uma concepção antropocêntrica: respeitamos seu mistério e seu caráter insondável e nos dirigimos aos seus anjos ou aos seus santos para entrar numa relação mais afetiva com forças superiores e sermos socorridos em nossas dificuldades terrenas. Eu diria, portanto, que há duas maneiras de nos aproximarmos de um Deus percebido como distante demais: descobri-lo dentro de si ou dirigir-se aos seus subordinados!

Um Deus mais feminino

O desenvolvimento do culto da Virgem Maria no catolicismo não estaria também ligado à rejeição de uma excessiva masculinização de Deus? Precisamos de um pai e também de uma mãe. Estamos saindo lentamente do patriarcado no Ocidente, e não é por acaso que a partir daí presenciamos uma transformação das representações divinas. Não se trata de passar da representação de um Deus barbudo a uma deusa de cabelos longos, mas os crentes, que sabem muito bem que Deus não tem sexo, atribuem-lhe qualidades mais femininas do que o faziam anteriormente. O Deus do Antigo Testamento é tipicamente masculino: é o Deus dos exércitos, todo-poderoso e dominador. O Deus de Jesus é um Deus de amor e de misericórdia, com uma face mais feminina, mas mesmo assim continua um Deus juiz que dá medo. Ora, a face atual do Deus ao qual a maioria dos crentes adere é a de um ser totalmente amoroso, envolvente, bom, protetor, em suma, maternal! À figura tradicional do "Deus pai", que dita a lei e pune os pecadores, progressivamente preferiu-se a figura de um "Deus mãe", que dá amor e reconforta. E, como vocês se lembram, o culto da Virgem Maria há muito tempo veio compensar no catolicismo o excesso masculino.

Conclusão

Pela primeira vez na história dos homens, o ateísmo poderia se tornar a norma na França, na Europa e no mundo durante os séculos futuros? Ou, então, a figura de Deus permanecerá sempre presente, ao menos por responder às profundas necessidades humanas?

Se observarmos os números com atenção, perceberemos que são especialmente as gerações idosas que creem em Deus. Na pesquisa sobre os valores dos europeus, dos 52% que creem em Deus, a proporção maior se encontra entre as pessoas com mais de 60 anos (69%) e a menor, entre os com menos de 30 anos (41%). O que leva a pensar que a consequência do declínio da religião e da transmissão é a diminuição da fé nas novas gerações. As conversões de adultos que também testemunhamos não compensam, nem de perto, essa perda. Lembrávamos anteriormente: o ateísmo dos jovens não é um ateísmo militante, filosófico, como era o dos mais velhos. Eles não se opõem ao Deus de sua infância, já que não receberam educação religiosa, ele é antes um ateísmo prático. Eles não acreditam em Deus porque eles não o veem e, na maioria das vezes, consideram essa hipótese inútil. É, portanto, possível que o fim último da modernidade seja, do modo como Nietzsche pensava, exatamente a morte de Deus.

Mas também podemos imaginar mil outras situações. A de um encadeamento de catástrofes que levariam os homens a voltarem para Deus como que para um socorro ou uma esperança de um mundo angustiado. E ainda a de uma progressiva metamorfose das faces de Deus no sentido de se criar um divino mais impessoal que seria uma espécie de síntese do Oriente e do Ocidente e que ligaria cada vez mais pessoas em busca de espiritualidade vivida, para dar sentido às suas vidas.

Enquanto a existência humana for um enigma, enquanto a experiência do amor e da beleza nos fizer tocar o sagrado, enquanto a morte nos interpelar, há grandes possibilidades de que Deus, qualquer que seja o nome que lhe dermos, permaneça para muitos uma resposta crível, um absoluto desejável ou uma força transformante.

Epílogo

"E você? Você acredita em Deus?" Ao final de minhas conferências, costumam me fazer essa pergunta, e ela é perfeitamente legítima. Até agora eu não quis abordar essa questão íntima, porque mudaríamos de registro. Retomando as categorias de Kant, tentei partilhar ao longo desta obra meu *saber* sobre a questão de Deus, enquanto filósofo, sociólogo e historiador. Vou agora declarar minha *opinião*, minha íntima *certeza*.

De fato, creio ser legítimo para o leitor se interrogar sobre minha própria convicção, num assunto no qual, para além dos conhecimentos objetivos, é impossível não ter ponto de vista pessoal algum. Todavia, a fim de marcar bem a ruptura, desejei fazê-lo em forma de epílogo, num tom diferente. E desenvolvendo algumas reflexões, pois é uma questão à qual seria impossível responder com um "sim" ou com um "não", sem provocar mal-entendidos.

De que Deus falamos?

Quando fizeram a mesma pergunta a Albert Einstein — "O senhor acredita em Deus?" —, ele respondeu: "Diga-me o que você entende por Deus e eu lhe direi se acredito nele!" Seu interlocutor se calou. Evidentemente! Quando dizemos "Deus", de que deus falamos? Do deus em nome do qual os astecas sacrificavam crianças? Do deus pessoal da Bíblia, que fala a Moisés e aos profetas? Do deus de Spinoza, que se identifica com a Natureza? Do grande relojoeiro de Voltaire? Do divino impessoal dos estoicos ou dos sábios da Ásia? Mesmo no seio de uma tradição como o cristianismo, as faces de Deus são inumeráveis: o que há de comum entre o Pai amoroso de Jesus e o Pai punitivo do século XIX? Entre o Deus de madre Teresa e o do Grande Inquisidor?

Com a leitura deste livro, compreendemos que Deus é um conceito saturado. Falamos demais sobre Deus. Falamos demais em nome de Deus. E de modo totalmente contraditório. A tal ponto, que o próprio nome perdeu qualquer significado. Hannah Arendt disse muito bem, em *A vida do espírito* (1978): "Não se trata certamente da morte de Deus, pois, a esse respeito, sabemos tão pouco quanto sobre sua existência [...], mas, sem dúvida, o modo como pensamos Deus durante séculos não convence mais ninguém: se algo morreu, foi apenas o modo tradicional de pensá-lo."

Quando me perguntam se eu creio em Deus, não posso responder sem devolver a pergunta ao meu interlocutor: "O que você entende por 'Deus'?" De fato, a ideia que tenho de Deus não parou de evoluir ao longo da minha vida, bem como a adesão ou a rejeição que eu possa ter tido dessas diversas representações. A pergunta sobre nossa relação com Deus raramente é estanque. Algumas pessoas nem mesmo a fazem, e outras se instalam nas mesmas certezas desde sempre. Mas, para muitos de nós, especialmente para os europeus, essa pergunta é movente, e nossa fé, com frequência "intermitente", para retomar a expressão de Edgar Morin. Ela evolui, se metamorfoseia, se apaga e se acende em função dos momentos de nossa vida, das provações ou dos êxitos que vivenciamos. A melhor resposta que eu posso dar, a mais honesta e a mais exata é partilhar brevemente com vocês as grandes linhas da evolução de minha relação com a questão de Deus. Perdoem-me o caráter autobiográfico das linhas a seguir, mas não há outro meio de responder com profundidade e com verdade.

A beleza do mundo e do espírito

Nasci num meio católico praticante. Meus pais sempre se importaram com as causas humanitárias e apoiavam pessoas em dificuldade. Portanto, na infância, fui testemunha de um cristianismo social, liberal e engajado que com certeza me marcou mais profundamente do que a própria fé. De fato, eu não me lembro de ter visto meus pais rezarem fora da igreja ou de ter ouvido falar de Deus em casa. A missa dominical sempre me entediou e eu logo escapei dela para andar de bicicleta com meus colegas. Meus pais quiseram que os filhos fossem criados no campo e assim eu tive a oportunidade de, depois de dois anos passados em Madagascar, crescer numa pequena aldeia do Essonne, no meio das plantações e dos bosques. Sempre me emocionei com a beleza do mundo. Quando criança, vivi muitos momentos de "sideração" diante de uma bela paisagem ou até mesmo de um simples detalhe, como um reflexo de luz no bosque ou um gato que ronrona de prazer ao sol. Adolescente, meus primeiros impactos amorosos não foram o encontro com uma mulher, mas a alegria indizível que de repente irrompeu em meu coração quando fiz uma caminhada na montanha ou estive diante do oceano. Eu, então, agradecia ao universo por aquela beleza oferecida. São essas certamente minhas primeiras experiências do sagrado.

Por volta dos 14 anos, descobri as obras de Platão na biblioteca de meu pai, e a leitura ávida dos diálogos socráticos me abriu a mente para as grandes questões da filosofia: O que é a verdade? Como levar uma vida boa e feliz? Quais os valores essenciais sobre os quais devemos fundamentar a existência? O que é ser verdadeiramente livre? Qual o sentido da vida humana? As questões da alma, da ética e da salvação se apresentaram, portanto, inicialmente a mim em termos filosóficos e não explicitamente religiosos. As religiões, a bem dizer, não me interessavam e eu via principalmente, como jovem leitor apaixonado de Nietzsche, suas dimensões institucionais, políticas e moralizadoras, as quais eu reprovava. Dois gatilhos, contudo, iriam disparar, por volta dos 16 anos, abrindo-me para as espiritualidades asiáticas.

Um dia, quando eu passeava pela rue de Médicis, em Paris, vejo na vitrine de uma livraria a capa de um livro ilustrado com o rosto de uma mulher indiana. Sem conseguir tirar os olhos daquela foto, entrei na loja e comprei o tal volume. Tratava-se de uma obra de Denise Desjardins, intitulada *De naissance en naissance* [De nascimento em nascimento], e a foto era a de uma mística indiana chamada Ma Anandamayi.

A autora — esposa do célebre jornalista Arnaud Desjardins, que foi o primeiro ocidental a filmar os grandes sábios da Índia contemporânea — relatava seu encontro com a indiana que era considerada em seu país a maior mística do século XX. Tomado pela espantosa beleza e serenidade que emanava das fotos de Ma Anandamayi, comprei as obras de Arnaud Desjardins sobre a espiritualidade da Índia e comecei a praticar ioga. Um pouco mais tarde, um amigo completamente ateu me passou um livrinho intitulado *O médico de Lhassa: os poderes da clarividência de um monge tibetano*, de certo Lobsang Rampa. Ele se constituía como a narrativa autobiográfica de um lama tibetano que conta sua iniciação na vida monástica em Lhassa, exatamente antes da invasão chinesa. Mesmo que, bem mais tarde, eu tenha ficado sabendo que de fato se tratava de uma ficção escrita por um inglês, essa narrativa me deu vontade de descobrir o budismo tibetano.

Entre os 16 e os 20 anos, li tudo o que me caía nas mãos e abordava questões existenciais sob os mais diversos ângulos: os romances de Dostoievski ou de Herman Hesse, as obras de Carl Gustav Jung, os poemas dos místicos muçulmanos, com Rumi ou Attar, os textos fundamentais do taoismo e do confucionismo, os filósofos estoicos e os neoplatônicos. Também conheci um cabalista romeno com quem fiz um curso das letras hebraicas e aprendi na Índia a prática da meditação com os lamas tibetanos. Bem que tentei ler a Bíblia e o Alcorão, mas rapidamente fechei essas obras que não falavam à minha alma, ao contrário das *Enéadas*, de Plotino, do *Tao Te King*, de Lao Tsé, ou da *Conferência dos pássaros*, de Attar.

O Cristo e o Evangelho

Percebi também que a única grande religião que eu jamais havia verdadeiramente estudado era a da minha infância: o cristianismo. Eu opunha uma espécie de resistência ligada às lembranças ruins do catecismo infantil e das missas monótonas. Meu melhor amigo, que também era muito religioso, me convidou a ir sozinho a um mosteiro cisterciense, na Bretanha. O desafio me agradava e, com apenas 19 anos, fui à Abadia de Boquen. Fiquei emocionado com a beleza austera do lugar e a irradiação das irmãs contemplativas que ali viviam.

Mas isso não bastava para me tornar permeável à fé cristã. A ideia de um Deus pessoal revelado me era totalmente estranha, embora eu aderisse com gosto ao conceito de um Absoluto impessoal, à maneira dos chineses, dos budistas ou das sabedorias filosóficas como as de Epicteto, Plotino, Spinoza.

Foi então que li pela primeira vez o Novo Testamento. Abri-o ao acaso e caí no Evangelho segundo São João. Depois de alguns minutos, senti uma presença ardente de amor: aquele Jesus de que falava o Evangelho, eu o senti presente no mais íntimo de mim. Perturbado, continuei minha leitura aos tropeços, como que para me agarrar a algo tangível. No capítulo 4, quando a samaritana pergunta a Jesus onde se deve adorar a Deus, este responde que não é nem na montanha da Samaria, nem no templo de Jerusalém que temos de adorar a Deus, mas no espírito e na verdade, pois Deus é espírito. Eu então senti uma alegria imensa. Jesus matava a sede de meu coração e respondia à pergunta que, como a samaritana, assombrava, então, minha inteligência: qual é a religião verdadeira? Para mim, sua mensagem era límpida: todas as religiões podem conduzir à verdade, mas nenhuma detém toda a verdade, e o verdadeiro templo é o espírito do homem. É ali, somente ali, em sua procura pela verdade, que ele pode encontrar Deus.

Desde que eu vivi essa experiência mística, há trinta anos, a fé no Cristo jamais me abandonou. Eu o considero meu mestre interior, o verdadeiro guia de minha vida espiritual. Coloco-me em sua presença em qualquer momento do dia, e continuo a me alimentar de sua palavra. Esse encontro levou-me a outra dimensão da fé: a de uma vida após a morte. Pois, se eu podia estar em contato com o espírito do Cristo, era porque ele estava vivo e permanecia fiel à última palavra que ele pronunciou no momento de desaparecer definitivamente dos olhos dos discípulos, antes de sua Ascensão: "E eis que eu estou convosco todos os dias, até a consumação dos séculos" (Mateus, 28, 20). Se Jesus continua vivo 2 mil anos após sua morte, nós também deveremos estar, após a nossa. A vida na terra é apenas uma etapa. A morte não é o fim, mas uma passagem. Também é essa a minha fé.

Amor a Deus e ao próximo

Nos anos que se seguiram a esse encontro, eu me engajei na religião cristã, pois queria alimentar essa relação com o Cristo que dava todo sentido à minha vida. Trabalhei na Índia nos leprosários e nos morredouros de madre Teresa; fiz retiros nos eremitérios; passei temporadas em Israel e, enquanto prosseguia com meu curso de filosofia, engajei-me num mosteiro durante três anos, pensando ter uma vocação para a vida contemplativa. Nunca me interessei pelo sacerdócio, mas o desejo de uma vida simples, desprovida de qualquer artifício e inteiramente consagrada à prática espiritual me atraía profundamente. Eu então aderi plenamente ao catolicismo: sua teologia, seus dogmas, seus rituais. Experimentei, nessa vida de total pobreza e castidade, grandes alegrias e também momentos muito dolorosos. Porque, progressivamente, alguma coisa bloqueou esse engajamento. Eu me tornava consciente de que não era feito para a vida religiosa: comecei a ter fobias (vertigens, claustrofobia) e a ficar constantemente doente. Meu corpo dizia "pare" a um modo de vida que não me convinha. Mais profundamente, porém, eu sufocava cada vez mais na Igreja. Fiel à tradição católica, a maioria dos religiosos e dos homens de Igreja que eu encontrava estava convencida de deter A verdade. Para além das belas palavras de receptividade, eles consideravam, no fundo, as outras confissões cristãs inferiores ao catolicismo, e as outras religiões, na melhor das hipóteses, pobres tentativas humanas de alcançar Deus, e, na pior, tradições de inspiração diabólica!

Decidi então não mais me engajar na vida religiosa e deixar o mosteiro. Enquanto trabalhava com edição, iniciei uma tese de doutorado na Escola de Altos Estudos em Ciências Sociais sobre o budismo e o Ocidente. Uma oportunidade, para mim, de reatar com o budismo, de prosseguir meu trabalho filosófico — agora também sociológico e histórico — num campo apaixonante e no qual, na época, poucos pesquisadores trabalhavam. Paralelamente, aproveitei para aprofundar meus conhecimentos em exegese bíblica e em história das religiões, pois eu sentia necessidade de selecionar tudo o que eu havia aprendido durante aquele engajamento ao catolicismo. Ao longo dos anos, continuei descobrindo como o magistério e as práticas da Igreja afastavam-se tão frequentemente dos fundamentos evangélicos. Mais ainda, a teologia cristã da Redenção — o Filho que reconcilia os homens com o pai, derramando seu sangue — pareceu-me uma reintrodução do pensamento sacrificial antigo, do qual o Cristo tinha vindo libertar a humanidade. Eu então me libertei definitivamente do dogma cristão e de toda instituição religiosa.

Mesmo passando por herege aos olhos de alguns, eu continuo, porém, considerando-me cristão. Porque o que compreendi dos Evangelhos é que a fé não consiste em primeiramente recitar o Credo e a ir ao templo ou à igreja, mas estar ligado ao Cristo, a se deixar amar por ele e a tentar amar o próximo. Por isso eu creio que Jesus não veio fundar uma nova religião (aliás, ele nasceu e morreu judeu), mas instaurar uma espiritualidade universal que, sem negá-los, transcende todos os rituais e todos os dogmas, por amor. Para Jesus, cultuar Deus é amar seu próximo. Consequentemente, pouco importa que sejamos judeus, samaritanos, budistas, pagãos. João confirma essa ideia revolucionária em sua primeira epístola: "Ninguém jamais contemplou a Deus. Se nos amarmos uns aos outros, Deus permanece em nós, e seu amor em nós é levado à perfeição [...]. Aquele que permanece no amor permanece em Deus, e Deus nele (1 João 4, 12-14). Ela também é encontrada em Paulo, no seu magnífico hino aos coríntios: "Ainda que eu tivesse o dom da profecia, o conhecimento de todos os mistérios e de toda a ciência, ainda que eu tivesse toda a fé a ponto de transportar montanhas, se não tivesse caridade, eu nada seria" (1 Coríntios 13, 2). Ela também aparece em numerosas passagens dos Evangelhos sinóticos, tal como a parábola do Juízo Final, na qual Jesus mostra que a única condição para a salvação é o amor desinteressado ao próximo, com o qual ele se identifica: "Vinde, benditos de meu Pai, recebei por herança o Reino preparado para vós desde a fundação do mundo. Pois tive fome e me destes de comer. Tive sede e me destes de beber. Era forasteiro e me recolhestes. Estive nu e me vestistes, doente e me visitastes, preso e viestes ver-me" (Mateus, 25, 34-36). Sou, portanto, cristão por dois motivos: uma experiência pessoal do Cristo vivo e um deslumbramento constante diante da força dos Evangelhos, sua alta espiritualidade, sua humanidade, sua universalidade.

Deus pessoal e divino impessoal

Se minha relação com o absoluto passa essencialmente pelo Cristo, a questão de Deus permanece aberta para mim. Sinto no meu coração que existe algo que me ultrapassa e por vezes me perturba — um mistério profundo da vida, um outro nível de realidade que não o mundo material e sensível —, mas nada posso dizer sobre esse mistério a não ser que ele é tecido de amor e de luz. Minha própria existência se une, assim, a numerosos espíritos de todas as culturas e de todas as épocas que se inscrevem na grande corrente transversal da mística apofática: do neoplatonismo da Antiguidade à mística teosófica do Renascimento, passando pela cabala judaica, pela teologia negativa cristã e pelo sufismo muçulmano. Ninguém sabe quem é Deus. Se Deus existe, ele continua, por definição, um mistério e um enigma para nós. Penso que os crentes não deveriam tentar circunscrever, definir, objetivar o inefável. Esse é o drama dos monoteísmos: sempre qualificando Deus e dizendo o que ele é e o que ele quer, acabaram "coisificando-o", e caindo finalmente na idolatria que eles supostamente deveriam combater. Se Deus existe, ele sempre escapará ao entendimento humano, e embora Jesus tenha um laço particular, único mesmo, com Deus, que é a base da fé cristã, sua identidade profunda permanecerá sempre um mistério, e consequentemente também os limites da teologia trinitária.

Recolhi em mestre Eckhart — o grande místico e pregador dominicano, condenado em 27 de março de 1329, pelo papa João XXII — afirmações que exprimem perfeitamente o que sinto e penso. "Rezo a Deus que me liberte de 'Deus'" — ele não hesita em afirmar em seu sermão 52. Quer dizer, desse "ser" sobre o qual projetamos todos os tipos de qualidades retiradas de nossa experiência humana e que qualificamos — como qualificamos qualquer coisa —, o que leva a reificá-lo. Eckhart chega, então, a estabelecer uma distinção capital entre "Deus" (*Gott*) e a "Deidade" (*Gottheit*). A Deidade é a essência divina inefável, o Uno indizível de Plotino, do qual tudo se origina. Deus é a manifestação da Deidade no mundo; é a Deidade em sua relação com as criaturas; é o Deus pessoal da revelação; é o Deus definido como Trindade pelas Igrejas cristãs. Deus de muitos nomes e faces: Javé, Alá, a Trindade, a Trimurti etc. O psicólogo suíço Carl Gustav Jung, que desde minha adolescência me influenciou muito, também se apoiou nessa distinção eckhartiana para mostrar que, embora a psicologia não tenha nada a dizer a respeito da Deidade, ela pode apreender Deus como um arquétipo presente na psique humana: "'Deus' nunca é senão, precisamente, a representação que nossa alma faz do Desconhecido. Ele é uma 'função da alma', e 'a alma o exprime' enquanto criatura" (*Os tipos psicológicos,* 1921).

Essa distinção fundamental entre um divino que não se pode conhecer (Deidade) e um divino manifesto (Deus) está no seio de todas as grandes correntes da teologia apofática. A "Deidade" de Eckhart não é outra senão o "Uno" de Plotino, o *houwa* (Ele) dos sufis muçulmanos, o *Ein Sof* dos cabalistas judeus, a *shunyata* (a vacuidade absoluta) do budismo, ou o *brahman* impessoal da Índia. Transcultural, a via apofática constitui, a meu ver, uma das condições do reconhecimento positivo, profundo, do pluralismo religioso e uma das principais condições de um diálogo inter-religioso autêntico e fecundo. Essa distinção permite, de fato, ligar grandes formulações do Absoluto e superar suas aparentes contradições. Graças a ela, podemos compreender que o divino é ao mesmo tempo pessoal e impessoal, transcendente e imanente, revelado e indizível. Ele pode ser considerado um "ser", na medida em que é manifesto no mundo (Deus), mas em sua essência última ele está "além do ser" (Deidade). Os espiritualistas orientais, bem como as sabedorias gregas, notadamente o neoplatonismo, ou então Spinoza, falam em especial da "Deidade" e, portanto, privilegiam um divino impessoal imanente. Os três monoteísmos falam inicialmente de "Deus" e privilegiam, portanto, um ser pessoal transcendente. Para mim, assim como para

Eckhart e os seguidores da mística apofática, os dois são verdadeiros. Posso meditar e ter a experiência interior da profundidade inefável do espírito e também me dirigir a Deus como a um "pai". Sei que o divino me escapa totalmente, mas posso olhar o Cristo e me ligar a ele como "imagem do Deus invisível" (Paulo). Posso viver uma experiência do sagrado de tipo panteísta na natureza, e também acender uma vela diante da estátua da Virgem Maria, ou rezar diante do Santíssimo Sacramento. Posso me considerar cristão e festejar o Sabá com meus amigos judeus e louvar Alá com meus amigos muçulmanos. O que por muito tempo me pareceu oposto e contraditório, agora se unificou, porque não me situo mais numa relação unívoca com o divino e deixo falar tanto meu coração quanto minha razão, tanto minha sensibilidade quanto minha intuição. Os hindus, que, por temperamento, demonstram grande maleabilidade intelectual, compreenderam isso há muito tempo: eles pregam simultaneamente a via da devoção amorosa a uma divindade pessoal (que pode adquirir mil faces) e a via da meditação não dual de um divino impessoal que engloba tudo. A primeira via é muito popular, pois ela é acessível a todos. A segunda é mais elitista. E ambas podem se combinar.

Os perigos do dogmatismo

Se, então, eu creio nessa "Deidade", no "Uno", nesse divino inefável, eu desconfio de toda "revelação" divina, pois, como expliquei neste livro, cada revelação se insere num contexto cultural e político que a condiciona profundamente. O que então chamamos de "palavra de Deus" está sempre ligado a épocas e a lugares precisos, a mentalidades e a implicações particulares de poder. E mesmo que o divino se manifeste por intermédio de determinados profetas ou de determinados textos — o que eu não nego —, o humano se torna, então, indissociável do divino, e é necessário relativizar as coisas. Qualquer leitura literal dos textos religiosos leva à intolerância e à violência. O ritual e a instituição devem ser considerados meios e não fins. Todo dogma e todo discurso teológico é relativo, já que condicionado pela cultura, bem como pelos limites da linguagem e da razão. O fanatismo religioso decorre dessa absolutização dos textos, do ritual, da tradição ou da instituição, e pode assumir numerosas formas. Em nossos dias, são os extremistas muçulmanos e os cristãos de extrema direita que semeiam a morte; os colonos judeus que bloqueiam qualquer processo de paz; os prelados católicos que protegem os padres pedófilos para salvaguardar a instituição; os nacionalistas hindus que massacram muçulmanos etc. Mas, mesmo quando o fanatismo religioso assume faces menos violentas, ele não deixa de ser um obstáculo duradouro para a paz e a compreensão entre os homens. Penso nas centenas de milhões de crentes de todas as religiões, convictos de que possuem a verdade última; de que apenas o seu texto sagrado é autêntico e revelado; de que os rituais e os interditos que eles aceitam são necessários à salvação.

Por isso eu creio que a separação mais profunda não está entre os crentes e os não crentes, mas entre os tolerantes e os intolerantes, entre os dogmáticos e os não dogmáticos. Como lembra meu amigo André Comte-Sponville, há ateus dogmáticos, do mesmo modo que existem crentes dogmáticos. Eles têm em comum o fato de erigirem sua crença em saber e de desprezarem ou agredirem aqueles que não partilham de suas certezas. Inversamente, crentes e ateus não dogmáticos não erigem suas íntimas convicções em saber objetivo, e têm verdadeiro respeito por aqueles que não partilham seu ponto de vista. O filósofo Maurice Merleau-Ponty dizia com um pouco de ressentimento: "Não se pode discutir com os católicos, porque eles *sabem*." Felizmente, não é o caso de todos (nos dias de hoje, muitos católicos são tolerantes e abertos aos outros), e podemos dizer o mesmo de muitos ateus, embora o dogmatismo deles não tenha hoje as mesmas consequências trágicas que as dos fanáticos religiosos. Como crente não dogmático, posso conversar de modo fecundo e verdadeiro com André Comte-Sponville, porque ele é um ateu não dogmático. Mas qualquer discussão é quase impossível com um crente ou um ateu dogmático, que prefere o choque das certezas à busca comum da verdade.

Um dos principais obstáculos aos progressos da humanidade e do conhecimento não é nem a fé nem a ausência de fé, como durante muito tempo se pensou nos séculos anteriores: é a certeza dogmática, de qualquer natureza que seja. Porque ela acaba engendrando — de modo mais ou menos intenso ou explícito — a rejeição do outro, a intolerância, o fanatismo, o obscurantismo. Num mundo interconectado e submetido a tantos desafios tão decisivos, parece-me perigoso e irrisório discutir com veemência sobre a religião e a questão — para sempre aberta — de Deus. Quaisquer que sejam nossas crenças, o importante não seria cultivar e promover esses valores universais que nos unem e dos quais dependem o futuro de toda a humanidade: a justiça, a liberdade, o amor?

Conheça mais sobre nossos livros e autores no site
www.objetiva.com.br

Disque-Objetiva: (21) 2233-1388

Rua Aguiar Moreira 386 | Bonsucesso | cep 21041-070
tel.: (21) 3868-5802 | Rio de Janeiro | RJ
markgrapheditor@gmail.com